DU SCHAFFST ES, SARA!

Dieses Buch gibt es nur beim PonyClub!
Mehr Infos zum Club bekommt ihr unter
der Telefonnummer 089/12170950 oder
unter www.pony-club.de!

DU SCHAFFST ES, SARA!

Anna Sellberg

Titel des schwedischen Originals: Över alla hinder, Sara!
Übersetzung: Anne Görblich-Baier
Umschlaggestaltung: Stabenfeldt AS

Herausgeber und Verlag:
PonyClub, Stabenfeldt GmbH, München
Redaktion und DTP/Satz:
Stabenfeldt GmbH, München
Druck: Deutschland 2004

ISBN 3-937051-90-2

Kapitel 1

WUMM!

Die Küchentür flog krachend zu, sodass das Haus bebte. Gleich darauf hörte ich die Haustür ins Schloss fallen. Ich schaute zum Fenster hinaus und sah, wie sich Sofia, meine kleine Schwester, aufs Fahrrad schwang und wutentbrannt in die Pedale tretend wegfuhr. Mir war klar, dass sie ihre Freundin Alexandra besuchte, die ein paar Kilometer von uns entfernt in der Neubausiedlung wohnte.

Ich sah auf die Uhr. Seit dem Moment, als ich erregte Stimmen und Sofia die Tür hatte zuknallen hören, waren exakt drei Minuten und vierzehn Sekunden vergangen. Wow! Das war ja diesmal ein Zoff in Rekordgeschwindigkeit gewesen, dachte ich im Stillen und schob meinen Stuhl vom Schreibtisch weg.

Es war halb sechs Uhr abends und ich hatte nun schon eine ganze Weile vor dem Computer gesessen und meiner Freundin Fanny eine E-Mail geschrieben. Sie war vor einigen Monaten nach England gezogen und ich vermisste sie entsetzlich.

Natürlich hatte ich meinen Freund Mike und eine Reihe anderer Freundinnen in der Stadt, aber das war nicht das Gleiche. Fanny und ich hatten schon im Kindergarten zusammen gespielt und waren dann neun Jahre lang immer zusammen in derselben Klasse gewesen. Wir hatten alle Geheimnisse miteinander geteilt, gegenseitig unsere Tagebücher gelesen und alles gemeinsam gemacht. Und das Tollste daran war: Fanny war genauso verrückt nach Pferden wie ich.

Sie hatte nie ein eigenes Pferd besessen. Im letzten Jahr hatte sie dann ein Pflegepony namens Glimmer bekommen. Es stand in der Reitschule in der Stadt. An den Wochenenden und in den Ferien holten meine Eltern Glimmer in unserem Transporter, und dann durfte Fanny das Pony bei uns draußen lassen. Wir hatten lange Ausritte miteinander gemacht und viel Spaß mit den Pferden gehabt.

Ich seufzte und schaltete den Computer aus. Es gab tausend Dinge, worüber ich mit Fanny gerne gesprochen hätte. Auch wenn wir uns endlos lange E-Mails schrieben, es war einfach nicht das Gleiche. Es ist eben etwas ganz anderes, wenn man sich von Angesicht zu Angesicht unterhält.

Ich ging in die Küche hinunter. Mama holte gerade ein Gratin aus dem Ofen.

„Ist das Essen schon fertig?“, fragte ich.

Sie nickte. „Ja, es gibt Kartoffelgratin und dazu kalten Schinken.“

„Mm, das ist ja das reinste Festessen“, freute sich Papa. Er war gerade in den Flur gekommen, der genau vor der Küche liegt, und hatte meine Frage gehört.

„Wo wollte Sofia denn noch hin?“, fragte er.

Mama seufzte. „Sie ist sicher zu Alexandra gefahren.“

„Isst sie denn nicht mit uns?“, wollte Papa erstaunt wissen und Mama schüttelte den Kopf.

„Nein, sie hatte keinen Hunger.“

„Was ist ihr denn plötzlich über die Leber gelaufen?“, fragte ich neugierig, denn noch kurz zuvor war Sofia in meinem Zimmer gewesen und hatte mir von irgendeinem Typen erzählt, in den sie verknallt war. Da schien sie noch bester Dinge zu sein.

„Sie und Alexandra wollen allein nach Stockholm fahren

und in ein Rockkonzert gehen. Aber ich finde, dazu sind die zwei noch zu jung“, erklärte Mama.

Papa nickte. „Na ja, andererseits kann man sie ja auch verstehen“, sagte er mit einem sehnsuchtsvollen Blick in den Augen.

Ich sah ihm an, dass er an seine eigene Jugend dachte. Er hatte in einer Band gespielt. Unten im Keller gab es immer noch einen Raum voller Platten und Bücher über Musik. Außerdem stand noch ein alter Verstärker herum und eine Elektrogitarre ohne Saiten.

„Es hilft nichts“, entschied Mama. „Wenn sie in dieses Rockkonzert wollen, muss einer von uns beiden mitkommen. Das ist doch klar! Oder Alexandras Eltern.“

Ich musste grinsen. Kein Wunder, dass Sofia vorhin so ausgeflippt war! Was für eine absurde Idee – von einem Babysitter begleitet zu werden, wenn man zu einem Rockkonzert gehen und sich doch schon ein wenig erwachsen und richtig cool geben wollte.

„Und, was hast du heute den ganzen Nachmittag gemacht?“, wollte Papa von mir wissen, als ich die Teller und Gläser auf den Tisch stellte.

„Ich habe Fanny eine E-Mail geschrieben“, antwortete ich. „Ich finde es so schade, dass sie weggezogen sind.“

Papa nickte. „Aber du hast doch noch andere Freundinnen.“

„Ja, aber Fanny ist meine absolut beste Freundin“, erklärte ich ihm. „Das ist ein gewaltiger Unterschied. Verstehst du?“

„Warum fährst du nicht hin und besuchst sie?“, fragte Mama und stellte den Schinken auf den Tisch. „Die Schule fängt doch erst in zwei Wochen an.“

„Die Idee ist gar nicht so schlecht“, meinte Papa. „Dann kannst du gleich dein Englisch ein wenig aufbessern.“

Ich starrte die beiden an. „Meint ihr das im Ernst?“, fragte ich und atmete tief durch. „Das wäre ja megacool!“

Mama lächelte mich an. „Na ja, weißt du, ich hab da heute morgen eine Annonce in der Zeitung gesehen. Die Flüge nach

London sind unglaublich billig. Und ich hoffe doch, dass dich Fannys Eltern vom Flughafen abholen, oder?“

„Das wäre super“, jubelte ich und fiel Mama um den Hals.

„Hoffentlich haben sie Zeit, dich abzuholen“, gab Papa zu bedenken. „Du musst Fanny eine E-Mail schicken und sie fragen.“

„Darf ich anrufen?“, bettelte ich und legte den Kopf ein wenig schief. „Bitte! Nur dieses eine Mal.“

Mama und Papa sahen sich an, dann seufzte Papa tief: „Okay, ruf an! Aber vergiss nicht ...“

„Was?“, fragte ich ihn überglücklich.

„Dass ihr nicht eine Ewigkeit miteinander telefoniert. Gespräche nach England sind teuer, und wenn du sowieso hinfliegst, könnt ihr später genügend miteinander quatschen.“

„Hurra!“, rief ich verrückt vor Freude. „Ich rufe gleich an.“

„Nicht so eilig!“, widersprach Mama lachend. „Iss zuerst und ruf danach an! Übrigens, ich hab da eine Idee ...“

„Und?“, wollten Papa und ich gleichzeitig wissen und sahen sie gespannt an.

„Wenn du Sara in Stockholm zum Flughafen bringst, könntest du doch gleich mit Sofia und Alexandra in dieses Konzert da gehen. Vorausgesetzt natürlich, dass es Tickets für den Flug und das Konzert am gleichen Tag gibt.“

„Das ist gar keine schlechte Idee“, gab Papa zu und ich strahlte. Was für ein super Ende der Sommerferien! Und was für sagenhaft tolle Eltern ich doch hatte!

Fanny freute sich genauso wie ich, und unsere Eltern beschlossen, dass ich am Samstag fliegen sollte. Bis dahin waren es nur noch zwei Tage und in meinem Bauch flatterten tausende von Schmetterlingen, als ich mich von Fanny verabschiedete und den Hörer auflegte.

Ich musste Mike sofort von meiner Reise erzählen und so nahm ich Swift, unseren schwarzen Labrador, auf einen Spaziergang zum Hof unserer Nachbarn mit.

Mike und ich kannten uns nun schon fast zwei Monate. Er ist älter als ich, schon achtzehn, und arbeitet bei Hans und Margareta, unseren Nachbarn. Die beiden züchten Rennpferde, und zwar Vollblüter. Mike ist Mädchen für alles bei ihnen. Er reitet die Jungpferde ein, fährt Traktor, macht das Heu, gräbt den Garten um, nagelt Zaunbretter fest und repariert Ställe. Gerade im Moment bauen er und Hans einen neuen Stall. Der alte ist Anfang des Sommers abgebrannt. Zum Glück hat die Versicherungsgesellschaft keine Schwierigkeiten mit der Auszahlung des Geldes gemacht, und nun standen also schon die Wände des neuen Stallgebäudes.

Es gab noch viel zu tun. Aber Mike und Hans arbeiteten Tag und Nacht daran und bis zum Herbst waren sie sicher damit fertig. Es blieb ihnen auch gar nichts anderes übrig, denn Hans musste ja irgendwo seine Stuten, Fohlen, Jungpferde und den Hengst Fireflight unterbringen. Das Dumme an der Geschichte war nur, dass Mike nicht mehr viel Zeit für mich übrig hatte. Er und Hans begannen schon früh am Morgen mit der Arbeit und abends war Mike dann so müde, dass es fast unmöglich war, mit ihm irgendwas Gemeinsames zu unternehmen. Er saß meist nur gähnend da, ging früh nach Hause und legte sich dann schlafen. Vor etwa einer Woche waren wir im Kino gewesen und hatten uns einen spannenden Actionfilm angesehen. Da war er neben mir im Kinosessel eingeschlafen. Ganz schön peinlich! Zum Glück hatte das außer mir sonst niemand gemerkt.

Es war fast acht Uhr abends, als ich mit Swift zu Hans' und Margaretas Hof kam. Die Hammerschläge hallten immer noch weithin hörbar und so unermüdlich, wie sie es schon Stunden zuvor getan hatten, als ich mit Fandango vorbeigeritten war.

Ich ging in den neuen Stall und sah mich um. Es sah jetzt schon ganz gut hier drinnen aus: sehr geräumig und schön hell. Mike baute gerade an einer Boxenwand aus dicken Brettern. Als er mich kommen sah, legte er den Hammer beiseite. Er wischte sich den Schweiß von der Stirn und strahlte mich an. Ich spürte, wie mir ganz warm vor Freude wurde. Er war so nett und ich mochte ihn so sehr.

Er drückte mich zärtlich an sich und griff dann seufzend wieder nach dem Hammer. Hans, der auf der anderen Seite des Stalles ebenfalls mit einer Boxenwand beschäftigt war, murmelte etwas Unverständliches. Ich spürte, dass er diese Arbeitsunterbrechung nicht schätzte. Hans war nämlich ein ausgesprochener Griesgram. Er konnte nett sein, wenn er wollte, aber in der Regel wusste er das gut zu verbergen. Außerdem waren er und mein Vater schon seit vielen Jahren nicht gut aufeinander zu sprechen. Und dass Mike und ich befreundet waren, war keinem von beiden besonders recht.

In diesem Moment tauchte Margareta in der Stalltür auf. „Hans, Telefon! Deine Mutter."

Er legte den Hammer zur Seite, murmelte dabei leise vor sich hin und folgte seiner Frau. Beide verschwanden im Wohnhaus.

„Puh!", stöhnte Mike und lachte gleich darauf. „Hans ist ein richtiger Sklaventreiber. Eigentlich wollten wir schon vor ein paar Stunden zu arbeiten aufhören, aber er will unbedingt, dass am Abend wenigstens ein paar von den Boxen fertig sind."

„Weißt du was?", fragte ich Mike und er schüttelte den Kopf.

„Ich fliege am Samstag nach England!"

„Du machst Scherze", sagte Mike und fuhr mit der Hand durch sein kurzes, blondes Haar, sodass es kerzengerade hoch stand. „Das ist ja schon übermorgen. Mann, ich bin richtig neidisch!"

Ich nickte und strahlte ihn an. Mike hatte ein paar Monate lang in einem Reitstall in Südengland gearbeitet und ich wusste, dass es ihm dort sehr gut gefallen hatte.

„Wie lange bleibst du?", wollte er wissen.

„Zehn Tage. Bis Montagmorgen der übernächsten Woche also."

„Ich werde dich vermissen“, gestand Mike und zog mich wieder an sich. „Das ist ja irre lang.“

„Stell dir nur mal vor, wie viel Arbeit du in dieser Zeit erledigen kannst!“, zog ich ihn auf.

„Also hör mal, dass ist ja vielleicht ein toller Trost!“, meinte Mike schmunzelnd.

„Sei nicht traurig!“, sagte ich lachend und küsste ihn. „Ich schicke dir auch ganz bestimmt eine Ansichtskarte.“

„Oh, vielen Dank!“, meinte Mike gespielt freundlich. „Das ist wirklich wahnsinnig nett von dir.“

Ein paar Stunden später lag ich in meinem Bett und konnte nicht einschlafen, obwohl ich sehr müde war.

Immer und immer wieder ging ich im Geiste durch, was ich am nächsten Tag alles erledigen musste: den großen Koffer meiner Eltern suchen, ein paar neue Klamotten kaufen und zum Frisör gehen. Meine halblangen, hellblonden Haare mussten geschnitten werden, fand Mama, obwohl ich sie eigentlich gerne hätte wachsen lassen. Das versuche ich schon seit vielen Jahren, aber jedes Mal, wenn sie etwas länger waren, lag mir Mama in den Ohren, dass sie so dünn und ausgefranst aussähen, und schleppte mich wieder zum Frisör. Und dann durfte ich den Fotoapparat nicht vergessen, mein Tagebuch und ...

Ich seufzte – wie sollte das alles bloß im Koffer Platz haben? Ich konnte es immer noch nicht fassen ...

Irgendwann schlief ich endlich ein und natürlich träumte ich von meiner Reise. Als ich am nächsten Morgen aufwachte, erinnerte ich mich nicht mehr an den ganzen Traum, aber ein paar Einzelheiten wusste ich noch. Meine Reise sollte zu einem Turnier am Nordpol gehen und mein größtes Problem war, dass ich mein Pony nicht in den Koffer bekam!

Kapitel 2

Zwei Tage später saß ich in einem Flugzeug, das gerade auf die Startbahn von Arlanda, dem Stockholmer Flughafen, hinausgerollt war. Es zog im Magen, als die Motoren losdonnerten. Ich beugte mich zum Fenster vor um so viel wie möglich zu sehen, und dann verwandelten sich die Häuser, Wälder und Äcker schnell zu einer Miniaturlandschaft. Kurz darauf flogen wir über den Wolken. Ich lehnte mich zufrieden lächelnd zurück. Endlich unterwegs!

Ich hoffte, dass Papa mit Sofia und Alexandra ein tolles Konzert erleben würde, aber irgendwie hatte ich fast ein schlechtes Gewissen ... Sofia war entsetzlich neidisch auf meine Reise gewesen. Dass sie nach Stockholm fahren und sich ihre Lieblingsband live anhören durfte, tröstete sie nicht im Geringsten.

Kaum war die Sicherheitsgurt-Anzeige mit einem „Pling“ erloschen, teilte die Stewardess auch schon Päckchen mit Snacks und Minidosen mit Getränken je nach Wunsch aus. Ich war noch nicht ganz fertig, da kam schon das nächste Essen – steril sauber und hermetisch in Plastik verpackt. Es dauerte ewig, bis man die Verpackung aufbekam, und so eng wie man hier saß, machte das die Geschichte auch nicht einfacher.

Meine Nachbarin war ungefähr im Alter meiner Mutter, ich

schätze etwas über Vierzig. Sie war dunkelhaarig, trug eine Sonnenbrille, eine Baumwollbluse und einen Jeansrock, und sie schien sehr nervös zu sein. Sie wischte sich ständig das Gesicht mit einem zusammengeknüllten Taschentuch ab, und als die Stewardess sie fragte, ob sie etwas zu trinken haben wollte, bestellte sie einen Whisky – am Vormittag!

Ich fragte mich, was meine Eltern wohl dazu gesagt hätten, wenn ich das auch getan hätte. Dann öffnete ich die Minidose Coca-Cola, die ich von der Stewardess bekommen hatte, und goss den Inhalt vorsichtig in ein Glas.

Im gleichen Moment flogen wir durch ein Luftloch. Das Flugzeug sackte schräg nach unten ab, richtete sich jedoch sofort wieder gerade aus. Alles war so blitzschnell gegangen, dass ich es gar nicht schaffte, richtig Angst zu bekommen. Trotzdem klopfte mein Herz wie wild und für den Bruchteil einer Sekunde huschten vor meinem geistigen Auge Bilder von verkohlten Wrackteilen und Schlagzeilen von Terroranschlägen und Flugzeugentführungen vorbei.

Meine Nachbarin hatte nicht weniger Angst! Sie schnappte nach Luft und brach in ein entsetztes: „Oh, nein!“ aus. Dabei hielt sie ihr Whiskyglas so schräg, dass der Inhalt herausschwappte und sich vorne über ihre weiße Bluse ergoss.

„Mist!“, murmelte sie genervt und versuchte das, was auf den Klapptisch vor ihr geschwappt war, mit der Hand ins Glas zu wischen. „Mein Whisky!“

„Kann ich Ihnen behilflich sein?“, fragte ich vorsichtig und hielt ihr meine Serviette hin. „Hier ist noch was zum Aufwischen.“

„Nein danke, nein, nein!“, wehrte sie ab, und ich sah, dass sie kreideweiß im Gesicht war. Vielleicht leidet sie ja unter Flugangst, überlegte ich mir. Das hätte auch erklärt, warum sie sich so schnell einen Whisky bestellt hatte. Papa behauptet immer, dass das das beste Beruhigungsmittel für die Nerven sei.

Der Flugkapitän meldete sich und beruhigte uns: Es bestehe keine Gefahr. Das seien nur ein paar kleine Turbulenzen in der Luft gewesen, weil wir uns in der Nähe eines Gewitters befunden hätten.

Gleich darauf kam die Stewardess mit einem nassen Tuch. Sie reichte es meiner Nachbarin. Die versuchte zuerst ihre Bluse zu reinigen, dann den Tisch trocken zu reiben und zum Schluss alles andere, was sie noch nass gemacht hatte. Danach bekam sie einen neuen Whisky. Den trank sie in einem Zug aus. Anschließend lehnte sie sich zurück und schloss die Augen. Sie wollte nichts zu essen haben. Den Rest der Reise saß sie nur mit geschlossenen Augen da und hielt sich krampfhaft an den Armlehnen fest. Ich konnte mir nicht helfen, aber irgendwie tat sie mir richtig Leid.

Etwa eine Stunde später setzte das Flugzeug zur Landung an und bald waren wir in Heathrow, dem Flughafen außerhalb von London.

Überall standen Flugzeuge, und manche davon waren so groß, dass man einen ganzen Pferdestall darin hätte unterbringen können. Ich spürte, wie mein Magen vor Nervosität zu kribbeln begann: Wie um alles in der Welt sollte ich Fanny und ihre Mutter Cathy auf diesem riesengroßen Flughafen finden?

Aber das war überhaupt kein Problem, denn sie warteten genau dort auf mich, wo alle Passagiere herauskamen.

Ich freute mich wahnsinnig, Fanny wiederzusehen! Wir hatten uns natürlich tausend Dinge zu erzählen, und es schien, als ob überhaupt keine Zeit vergangen wäre, seitdem sie weggezogen war. So ist das nun mal mit richtigen Freundinnen!

Cathy seufzte und schüttelte den Kopf, aber dann lächelte sie verständnisvoll, und ich wusste, dass sie dieses Gefühl bestens nachvollziehen konnte.

Fanny ist etwas größer als ich. Sie hat lange, dicke, kupferrote Haare, sehr helle Haut mit einer Unmenge Sommersprossen und leuchtend blaue Augen.

Als wir noch kleiner waren, wurde sie auf dem Schulweg

anfangs immer wieder gehänselt und „Pippi Langstrumpf“ genannt. Fanny hatte daraufhin einen nach dem anderen verprügelt und bald darauf war Ruhe.

Ich sah mich neugierig um, als Cathy mühsam versuchte, mit dem Auto aus Heathrow herauszukommen. Es war ein komisches Gefühl, links zu fahren. Als wir in einen Kreisverkehr hineinfuhren, war ich nahe daran, aufzuschreien, weil ich glaubte, Cathy würde auf die Spur des Gegenverkehrs geraten.

Wir kamen auf eine Straße, gesäumt von zahllosen Backsteinreihenhäusern, und gleich darauf bog Fannys Mutter auf eine Landstraße ein. Die Häuser und Höfe waren alle von prächtigen Gärten umgeben da.

Cathy wies immer wieder auf die eine oder andere Sehenswürdigkeit hin, aber weder Fanny noch ich zeigten großes Interesse daran.

Bald schon erreichten wir die Ortschaft, in der Fanny mit ihren Eltern in einem Reihenhaus aus rotem Backstein wohnt. Es sah wie alle anderen Häuser an der Straße aus. Das Einzige, worin sie sich unterschieden, waren die Haustüren. Alle hatten ihre Türen in ganz individuellen Farben gestrichen. Das Haus von Fannys Eltern hatte eine leuchtend blaue Tür und es war das letzte in einer langen Reihe.

Es war hoch, aber nicht besonders geräumig. Im Erdgeschoss lagen die Küche, ein kleines Bad und ein winziges Wohnzimmer. Darüber befanden sich zwei Räume. Einer war das Schlafzimmer von Fannys Eltern und der andere ein Arbeitszimmer. Ganz oben unter dem Dach wohnte Fanny.

Auf der schmalen Treppe, die zu ihrem Zimmer hinaufführte, hatten noch nicht einmal zwei Personen nebeneinander Platz. Es war ein mühsamer Kampf, bis wir meinen Koffer in den zweiten Stock gehievt hatten. Man hätte meinen können, er sei mit Blei beladen – so schwer war er.

„Puh“, keuchte Fanny völlig außer Atem und öffnete die Tür zu ihrem Zimmer. „Komm rein! Hier wohne ich!“

Der Raum hatte eine Dachschräge, weiße Wände, hellgrüne Gardinen und ein Dachfenster, durch das man ein Stückchen blauen Himmel sehen konnte.

„Du hast es ja vielleicht toll hier“, meinte ich begeistert und im gleichen Augenblick hörte ich jemanden die Treppe hochpoltern. Es war Fannys Vater und er schleppte ein aufklappbares Feldbett. Hinter ihm kam Cathy mit einer Matratze und Bettzeug.

Martin, Fannys Vater, strahlte übers ganze Gesicht, als er mich sah. „Hallo! Herzlich Willkommen!“, begrüßte er mich. „Du hast doch nicht vergessen, mir schwedischen Kaviar mitzubringen, oder? Und Hering? Wie wunderbar! Und du musst mir versprechen, die ganze Zeit Schwedisch mit mir zu sprechen!“

„Klar“, sagte ich lachend und begann in meinem Koffer nach all den Sachen zu suchen, die Mama mir eingepackt hatte.

„Sie wird nicht Schwedisch sprechen“, widersprach Cathy. „Sie muss ihr Englisch verbessern.“

„Ach was“, meinte Martin und griff nach der riesengroßen blauen Dose mit Kaviar.

Er küsste sie verstohlen. „Oh, den hab ich so vermisst“, gestand er glücklich.

Fanny seufzte und verdrehte die Augen. „Also, Papa! Sei nicht so albern!“

„Wir trinken gleich Tee“, verkündete Cathy und legte die Bettwäsche auf das Feldbett. „Wenn du duschen willst, das Bad ist im Erdgeschoss neben der Küche.“

„Leider kannst du nicht lange duschen“, fügte Martin hinzu. „Es gibt immer nur kurz warmes Wasser.“

„Wie das?“, fragte ich erstaunt.

„Der Mensch, der dieses Haus hier vor langer Zeit gebaut hat, ist wohl davon ausgegangen, dass die Leute nur einmal in der Woche höchstens drei Minuten duschen“, erklärte Fanny seufzend und schüttelte den Kopf. „Aber jetzt raus mit euch!“, fügte sie hinzu und sah ihre Eltern mit einem auffordernden

Blick an. „Sara und ich haben uns schließlich eine Menge zu erzählen.“

Cathy und Martin gingen und ich begann meinen Koffer auszupacken. Als Erstes musste ich Fanny natürlich alle Fotos zeigen. Ich hatte eine ganze Menge von den Pferden und von Mike mitgebracht.

Fanny betrachtete lange sein Foto. Dann meinte sie im Spaß, dass er mit diesem verschmitzten Lachen und seinen Stoppelhaaren ein wenig wie ein übermütiges Pony aussähe – und dass wir beide gut zusammenpassen würden. Darüber war ich sehr froh und ich versicherte ihr, dass sie ihn sicher mögen würde, wenn sie ihn kennen lernen würde.

Cathy rief, dass der Tee fertig sei, und wir liefen schnell die Treppe hinunter. Wir tranken richtig guten, englischen Tee und aßen frisch gebackene Scones mit viel Marmelade dazu. Alle außer Fannys Vater natürlich. Der aß seine Scones mit Kaviar.

Als wir fertig waren, sah mich Fanny fragend an: „Was hältst du davon, zum Stall zu fahren?

„Jaaa!“, rief ich begeistert aus. Kurz darauf fuhren wir mit den Fahrrädern zum Stall hinaus, der ein Stück weiter draußen lag. Ich durfte mir das Fahrrad von Fannys Großmutter ausleihen. Es war mindestens hundert Jahre alt und schrecklich langsam. Aber man kam vorwärts damit.

Der aus weißem Stein erbaute Stall war alt und innen braun und weiß gestrichen. Es gab darin drei Boxen mit geteilten Türen, sodass die Pferde herausschauen konnten. Neben einer großen Koppel gehörte noch eine etwas kleinere Weide zum Stall. Die wurde laut Fanny als Reitplatz benutzt. Ich wusste, dass Fanny ein eigenes Pferd bekommen hatte, und dann sah ich es auch schon draußen auf der Koppel stehen, das Prachtstück namens Shamira.

Die Fuchsstute hatte ein Stockmaß von zirka 155 Zentimetern, eine breite Blesse und an beiden Hinterbeinen trug sie weiße Socken. Vom Kopf her sah sie wie ein arabischer Vollblüter aus: Sie besaß eine breite Stirn und große Augen.

Aber sie war kräftiger gebaut als ein reinrassiger Araber. Fanny vermutete, dass sie eine Kreuzung war – vielleicht mit einem Welsh Cob. Sie und ihre Eltern hatten Shamira auf einem Pferdemarkt gefunden und der Pferdehändler wusste nur, dass die Stute aus Nordengland stammte. Mehr war ihm nicht über sie bekannt.

Während ich auf der Haferkiste saß und die Beine baumeln ließ, putzte Fanny Shamira und erzählte mir von ihren neuen Reiterfreunden und von Fiona, mit der sie sich den Stall teilte. Ich freute mich, dass Fanny eine Menge neuer Freunde gefunden zu haben schien und viel Spaß mit ihnen hatte, aber gleichzeitig tat es mir auch ein wenig weh. Seit ich mich erinnern konnte, waren wir beste Freundinnen gewesen, aber bald würde Fanny nur noch mit ihren neuen Freunden hier zusammen sein, und ich würde zu Hause andere Freunde finden. Und egal, wie viele E-Mails und Briefe wir uns auch schrieben oder aber miteinander telefonierten, es war einfach nicht das Gleiche, wie wenn man sich jeden Tag traf und vieles gemeinsam unternahm.

Fanny führte Shamira auf den kleinen Reitplatz hinaus und saß auf. Ich stellte mich an den Zaun und sah ihnen zu. Die Stute ging schön und Fanny platzte fast vor Stolz. Ich durfte Shamira auch kurz reiten und mein Eindruck von ihr auf der Weide stimmte genau mit dem überein, was ich empfand, als ich auf ihr saß. Sie war ein wenig steif. Das hing vielleicht damit zusammen, dass sie noch viel lernen musste. Aber sie war weich im Maul und reagierte sofort auf alle Schenkelhilfen.

Nach dem Reiten führten wir Shamira in den Stall und nahmen ihr den Sattel ab. Dann streifte Fanny ihr das Halfter über und wir brachten Shamira wieder zurück auf die Koppel.

Die beiden Pferde von Fiona, Jack und Winny, standen schon am Tor und warteten auf Shamira. Jack war ein schwarzbraunes Pony mit langer Mähne und langem Schweif. Sein Stockmaß betrug ungefähr 145 Zentimeter. Fanny erzählte, dass er fast schon zwanzig Jahre alt war. Ich konnte es nicht glauben. Er hatte so einen pfiffigen Blick und sah irgendwie wie ein richtiger Wildfang aus.

Winny hatte ein Stockmaß von etwa 165 Zentimetern. Sie war kastanienbraun, hatte lange, schlanke Beine, einen edlen Kopf mit großen, ausdrucksvollen Augen und einen perfekt geformten Stern mitten auf der Stirn.

Fanny erzählte, dass Fiona die Stute als Fohlen von ihrer Mutter bekommen hatte. Die sei eine sehr erfolgreiche Turnierreiterin gewesen. Vor ein paar Jahren war ein schreckliches Autounglück passiert. Fionas Mutter war mit dem Wagen auf der Autobahn ins Schleudern geraten und in einen Lastzug gerast. Sie war auf der Stelle tot gewesen.

Fiona und ihr Vater hatten den Hof und alle Pferde, bis auf Jack und Winny, verkaufen müssen. Nur diese beiden Pferde hatten sie behalten. Dann hatten sie das kleine Haus gekauft, in dem sie jetzt wohnten und zu dem der Stall gehörte.

Ich strich Winny über den Hals. Sie war edel wie eine Vollblutstute und ihr Fell fühlte sich unter meinen Fingern wie Seide an. Sie senkte den Kopf und schnupperte an meiner Hand um herauszufinden, ob ich einen Leckerbissen hatte. Ich klopfte sie am Hals. Sie war wirklich wunderschön!

Im gleichen Augenblick kam ein langbeiniges, dunkelhaariges Mädchen mit seinem Fahrrad auf den Hof gefahren. Sie hielt abrupt an, warf das Fahrrad zur Seite und verschwand im Stall, ohne zu grüßen – ja, eigentlich ohne Notiz von uns zu nehmen.

„Das war Fiona“, erklärte Fanny. „Komm, wir gehen rein und sagen ‚Hallo‘!“.

Als wir den halbdunklen Stall betraten, saß Fiona auf einem Strohballen in der Stallgasse. Sie hatte sich nach vorn gebeugt, den Kopf in die Hände gestützt und schluchzte leise vor sich hin. Beim Klang unserer Schritte zuckte sie zusammen und sah auf. Ihre Augen waren rot und geschwollen. Sie hatte geweint.

„Aber Fiona, was ist denn los?“, fragte Fanny auf Englisch. Fiona wischte sich mit dem Handrücken die Tränen ab, dann atmete sie tief durch und sagte mit zitternder Stimme:

„Es geht um Winny ... Wir können sie uns nicht mehr länger leisten. Papa sagt, dass wir sie verkaufen müssen.“

Kapitel 3

Fiona holte tief Luft und begann zu erzählen. Sie sprach so schnell Englisch, dass ich vieles nicht verstand. Aber ich bekam so viel mit, dass das Ganze mit der Arbeitslosigkeit ihres Vaters zusammenhing. Er hatte zwar schon einen neuen Job gefunden, aber den konnte er erst am ersten September antreten – also in etwa drei Wochen. Anfang September wurde jedoch das Darlehen für das Haus fällig, in dem sie jetzt wohnten, und Fionas Vater hatte keinen Pfennig Geld mehr.

„Aber kann denn die Bank nicht noch einen Monat auf das Geld warten?“, fragte Fanny, als Fiona zu Ende erzählt hatte.

Fiona schüttelte den Kopf. „Papa fährt heute noch mal hin und spricht mit den Leuten dort. Wenn sie ablehnen – tja, dann müssen wir Winny verkaufen!“

„Aber so schnell geht das doch auch nicht, ein Pferd zu verkaufen“, wandte ich ein und versuchte es auf Englisch zu sagen. Das war ganz schön schwierig. „Schaffst du das denn in nur zwei Wochen?“

Fiona verzog das Gesicht und atmete tief durch. „Doch, es gibt da schon einen Interessenten für Winny“, antwortete sie langsam.

Fanny sah sie betrübt an. „Megan Smith?“, fragte sie und Fiona nickte.

„Wer ist das?“, wollte ich wissen.

„Megan ist ein Mädchen aus dem Reitclub“, erklärte mir Fanny.

„Aber warum will sie unbedingt Winny haben? Ist etwas Besonderes mit ihr?“, fragte ich nach.

„Ja“, erwiderte Fiona. „Winny ist das beste Springpferd in der Grafschaft hier. Vor zwei Jahren hat sie mehrere große Turniere gewonnen. Kurz darauf ist meine Mutter verunglückt, und damals hat sich Megans Vater zum ersten Mal erkundigt, ob er Winny kaufen kann. Meine Mutter und John Smith, so heißt Megans Vater, hatten zusammen eine Firma. Er kaufte die Pferde ein, mit denen Mama ritt und an Turnieren teilnahm. Und den Gewinn teilten sie sich dann“, fügte Fiona hinzu und seufzte tief.

Ich nickte.

„Aber Winny war ihr eigenes Pferd, oder?“, fragte Fanny und Fiona nickte.

„Ja, sie ist die Tochter von Mamas altem Turnierpferd und ich hab sie geschenkt bekommen, als sie noch ein Fohlen war.“

„Da kommt Papa“, sagte Fiona plötzlich und sah hoch. Im gleichen Moment betrat ein großer, blonder Mann in Jeans, Hemd und ausgelatschten Turnschuhen den Stall.

„Mist!“, stieß er wütend auf Englisch hervor und ballte wütend die Fäuste. „Es hat nicht geklappt.“

„Was haben sie auf der Bank gesagt?“, wollte Fiona wissen und erhob sich von dem Heuballen, auf dem sie gesessen hatte. „Haben sie dir erlaubt, das Geld später zurückzuzahlen?“

„Nein!“, schnaubte ihr Vater wutentbrannt. „Außerdem hab ich mit John Smith gesprochen. Und weißt du, was dieser Typ mir vorgeschlagen hat?“

„Was?“, fragten Fiona, Fanny und ich fast gleichzeitig.

„Wenn er Winny für seine Tochter bekommt, dann könnte er sich vorstellen, uns so viel Geld zu leihen, dass wir wieder auf die Beine kommen. Ich fühle mich wie ein Bettler, dem er eine Hand voll Almosen hinschmeißt.“

Fiona warf den Kopf in den Nacken, dass ihre Haare nur so flogen. „Ist der verrückt? Ich verkaufe niemals Winny an diese Leute! Nie! Du hast doch hoffentlich abgelehnt, Papa?"

„Natürlich, mein Liebling", entgegnete er mit entschlossener Miene. „Das kriegen wir schon hin. Irgendwie werden wir das schon schaffen!"

„Was?", fragte ich. Fionas Vater sah mich an und zog die Augenbrauen hoch.

„Das ist meine Freundin Sara. Sie kommt aus Schweden", erklärte Fanny ihm entschuldigend. „Sie spricht nicht so gut Englisch."

„Okay", sagte Fionas Vater und reichte mir die Hand.

Wir begrüßten uns und dabei kam ich mir richtig erwachsen vor.

„Ich geh jetzt rein und mach das Abendessen", erklärte er. „Ich rufe, wenn es fertig ist."

„In Ordnung", sagte Fiona und nickte.

Ihr Vater drehte sich auf dem Absatz um und marschierte aus dem Stall. Fiona seufzte tief.

„Manchmal habe ich mir schon überlegt, ob es nicht besser wäre, Winny ganz einfach an Megan zu verkaufen. Ihr Vater ist bereit, eine Menge Geld für Winny zu bezahlen. Dann könnte Papa endlich ein neues Auto kaufen und ein paar andere Dinge, die wir dringend brauchen."

„Aber wieso habt ihr nach dem Tod deiner Mutter nicht ihren Anteil an der Firma ausgezahlt bekommen?", fragte Fanny, und Fiona seufzte resigniert.

„Das war nicht besonders viel und das Geld ist schon aufgebraucht. Mama hat mit ihrer Arbeit zwar einen großen Beitrag für die Firma geleistet, aber John Smith hat die finanziellen Dinge geregelt."

Fanny und ich schauten uns an. Fionas Stimme klang bitter und ich sah ihr an, dass sie ernsthaft mit dem Gedanken spielte, ihr geliebtes Pferd an Megans Vater zu verkaufen, auch wenn es entsetzlich für sie war.

Ich war den Tränen nahe und spürte einen dicken Kloß im Hals. Fiona tat mir so Leid.

Sie ging hinaus um Winny von der Weide zu holen und putzte sie dann mit langen, gleichmäßigen Bürstenstrichen. Fanny, die gerade von der Sattelkammer hereinkam, strich Winny liebevoll über die Nase.

„Sie ist so wunderschön", sagte sie und Fiona nickte.

„Mama behauptete immer, Winny sei das beste Pferd, das sie aufgezogen hat. Und dass sie jede Höhe überspringen würde, wenn sie erst einmal groß sei ..."

Plötzlich rief Fanny aus: „Ich hab's. Am Wochenende sind doch Turniere."

Fiona und ich schauten Fanny an. Die strahlte übers ganze Gesicht.

„Für den ersten Preis in der S-Klasse am Sonntag gibt es tausend Pfund. Das ist eine irre Menge Geld. Reicht das nicht um der Bank das Darlehen zurückzuzahlen?"

Fiona lachte aus vollem Hals, und ich musste schmunzeln. Das war wieder mal so typisch Fanny: von einer Sekunde zur anderen unglaublich enthusiastisch zu sein – wobei ihre Ideen meist sehr realitätsfremd waren.

„Du spinnst ja!", meinte Fiona lachend und schüttelte den Kopf. „Winny kann springen, das weiß ich. Aber wir sind überhaupt nicht trainiert genug, um an einem S-Springen teilzunehmen. Es ist über ein Jahr her, dass wir zusammen bei einem Turnier mitgemacht haben."

„Aber wir könnten dir doch beim Training helfen", schlug ich vor. „Hindernisse hast du ja hier."

„Ja, Sara hat oft an Turnieren teilgenommen. Sie kann dir bestimmt so manchen wertvollen Tipp geben", erklärte Fanny. Ich empfand das als ein wenig peinlich, denn ich war mir sicher, dass Fiona viel besser ritt als ich.

Fiona strich Winny über den glänzenden Hals. Sie sagte nichts, aber irgendwie spürte ich, dass ihr das, was Fanny soeben vorgeschlagen hatte, nicht aus dem Kopf ging. „Wir könnten gleich mit dem Training beginnen, oder?“, schlug Fanny spontan vor. „Sara und ich bauen ein paar Hindernisse auf und du machst Winny fertig ...“

„Nein, nicht so schnell!“, stoppte Fiona sie. „Okay, das ist gar keine schlechte Idee. Aber ich muss mir das zuerst in aller Ruhe durch den Kopf gehen lassen und mit meinem Vater darüber sprechen. Außerdem bin ich erst gestern mit Winny gesprungen. Heute wollte ich eigentlich auf die Heide hinausreiten.“

„Mensch, du musst es zumindest versuchen! Du musst!“, versuchte Fanny sie zu überzeugen. „Ich weiß, dass du es kannst.“

Fiona nickte langsam und nahm die Trense vom Haken an der Wand. „Okay, das ist zwar eine total wahnwitzige Idee – aber andererseits, was hab ich denn schon zu verlieren. Also ... schau’n wir mal.“

Kurz darauf ritt Fiona mit Winny weg, und Fanny und ich fuhren schweigend mit unseren Fahrrädern nach Hause. Jede von uns hing ihren eigenen Gedanken nach.

„Ich hoffe, dass sie am Sonntag mitmacht“, sagte Fanny zu mir, als wir in die Straße einbogen, in der sie mit ihren Eltern wohnte. „Der erste Preis bei dem Turnier ist wirklich eine Menge Geld.“

„Mmm“, gab ich ihr Recht. „Aber irgendwie scheint es, als ob sie nicht daran teilnehmen will. Ich dachte, sie sei so eine tolle Springreiterin?“

„Das ist sie ja auch“, antwortete Fanny. „Aber im letzten Herbst sollte sie einem Mädchen in der Reitschule helfen, ein Jungpferd einzureiten. Das stürzte beim Springen und hat Fiona unter sich begraben. Sie lag ein paar Wochen im Krankenhaus und die anderen im Club behaupten, dass sie seitdem Angst vorm Springen hat.“

Ich nickte und konnte verstehen, dass man nach so einem Unfall Angst hatte. Nach einem schlimmen Sturz spürt sicher jeder ein heftiges Ziehen in der Magengegend, wenn er das nächste Mal ein Hindernis vor sich auftauchen sieht. Ich selbst bin zum Glück von solchen Dingen bisher verschont geblieben. Im Gegenteil, meine Mutter schimpft mich immer, dass ich viel zu unvorsichtig und sorglos sei, wenn ich mich an schwierige Hindernisse heranwage. Aber mein Schimmelpony Fandango ist ein meisterlicher Springer, und ich kann mich hundertprozentig auf ihn verlassen. Er würde mich nie im Stich lassen, und auch wenn es manchmal ein wenig schnell ging, wusste er genau, was er tat – und wir landeten stets zusammen auf der anderen Seite.

„Eigentlich habe ich Fiona noch nie springen sehen", fügte Fanny hinzu.

„Wirklich?", fragte ich erstaunt.

„Ja. Sie reitet fast immer auf die Heide hinaus. Das ist mir früher gar nicht aufgefallen, aber ... also, ich brauche jetzt unbedingt etwas Süßes. Du nicht?"

„Doch", sagte ich.

Genau in diesem Moment kamen wir zu einem kleinen Tabakladen, und da Fanny Geld bei sich hatte, stellten wir unsere Fahrräder draußen ab und gingen hinein.

Drinnen war es dunkel und es roch nach Tabak und altem Staub. Hinter dem Ladentisch stand ein älterer Mann und sprach ein Englisch, von dem ich kein Wort verstand. Fanny kaufte Schokolade für uns und unterhielt sich mit ihm, während ich mir die Zeitungen in den Ständern ansah.

Völlig in Gedanken versunken trat ich vor einem der Ständer einen Schritt zur Seite und stolperte über eine Aktentasche. Um das Gleichgewicht zu halten, ruderte ich verzweifelt mit den Armen. Aber es half nichts. Stattdessen schaffte ich es, gegen ein Gestell mit Ansichtskarten zu stoßen, das daneben stand. Wir landeten beide auf dem Boden und die Ansichtskarten verteilten sich über das ganze Geschäft. Eine Sekunde lang herrschte Totenstille, dann kam der Mann hinter dem Ladentisch hervor und hinkte auf mich zu.

Im gleichen Moment tauchte die Besitzerin der Tasche hinter dem Zeitungsständer auf. Erstaunt stellte ich fest, dass es die Frau mit der Flugangst war, die im Flugzeug neben mir gesessen hatte.

Wir starrten uns an und ich war mir sicher, dass sie mich wiedererkannt hatte. Der Alte schimpfte und sagte dann etwas Unverständliches zu Fanny, die daraufhin nickte. Ich bat ihn vielmals um Entschuldigung und dann halfen Fanny und ich ihm, wieder alle Ansichtskarten einzusammeln und ordentlich in dem Ständer einzuordnen. Fanny verbiss sich mühsam das Lachen und mir ging es nicht viel besser. Das Ganze hat sicher schrecklich komisch ausgesehen.

Meine Nachbarin aus dem Flugzeug sagte kein Wort, sondern hob nur ein paar von den Karten auf, die etwas abseits lagen. Dann bat sie den Alten, ihre Zeitung bezahlen zu dürfen. Er hinkte hinter den Ladentisch zurück und machte sich an der uralten Kasse zu schaffen. Kurz darauf verließ die Frau mit langen, schnellen Schritten und ihrer Aktentasche in der Hand den Laden.

Ich sah ihr nach und dachte, dass das eigentlich ein lustiges Wiedersehen gewesen war. Unser Ziel war die gleiche kleine Ortschaft gewesen – und ich hatte es fertig gebracht, über ihre Aktentasche zu stolpern.

Kapitel 4

Am Sonntagmorgen half Fanny mir dabei zu checken, ob ich E-Mails bekommen hatte. Bevor ich nach England gefahren war, hatte ich mir so eine WebMail eingerichtet, die ich überall öffnen konnte, und Mike hatte versprochen, mir jeden Tag zu schreiben. Zu meiner großen Freude fand ich tatsächlich eine E-Mail von ihm im Posteingang.

Ich las sie durch. Sie war nicht lang. Den Pferden gehe es gut, schrieb er, und beim Bau des Stallgebäudes kämen sie gut voran. Bald würden sie mit den Malerarbeiten beginnen können und dann würden sie dem Elektriker das Feld überlassen. Ich lächelte. Ich war so froh, dass dieser dumme Stall endlich fertig wurde.

Aber dann stutzte ich und las die Zeile immer und immer wieder, bis ich endlich begriff, was da stand:

Übrigens, Susi ist wieder nach Hause gekommen. Wir werden heute Abend einen Ausritt machen, denn sie möchte Fireflight gerne ausprobieren.

Ich spürte, wie mir plötzlich eiskalt wurde. Susi, die Tochter unserer Nachbarn, kennt sich nicht nur bestens mit Pferden aus, sondern sieht auch noch unglaublich süß aus. Ich wusste, dass sie eigentlich Tiermedizin studierte, aber im letzten Herbst hatte sie sich für ein Jahr vom Studium beurlauben lassen und war nach Irland gefahren um dort Galopper zu reiten.

Ich schluckte und las weiter:

Außerdem hat sie mich gefragt, ob ich am Freitag zu einer Party mitkommen will. Ich hoffe, du hast nichts dagegen!? Natürlich wäre es tausend Mal schöner, wenn du dabei sein könntest.

Ich starrte auf den Bildschirm, und meine Gedanken schwirrten wie wild durch meinen Kopf. Susi war also wieder nach Hause gekommen und Mike ging auf eine Party – mit ihr? Sie kannten sich doch überhaupt nicht. Eine Welle der Eifersucht schlug über mir zusammen.

„Was ist los?“, fragte Fanny und schaute auf. Sie lag auf ihrem Bett und blätterte in einer Zeitschrift. „Du siehst aus, als ob du ein Gespenst gesehen hättest.“

„Hör dir das mal an!“, forderte ich sie auf und las ihr vor, was Mike geschrieben hatte.

Fanny zog die Augenbrauen hoch und sah mich an. „Ja, und?“

„Begreifst du denn nicht?“, stieß ich hervor.

„Was begreifen?“, fragte Fanny verständnislos.

„Mike will mit Susi auf eine Party gehen“, erklärte ich ihr. „Wenn ich mal was mit ihm unternehmen will, dann hat er meist keine Zeit, weil er angeblich arbeiten muss. Aber mit ihr hat er plötzlich Zeit, auf eine Party zu gehen. Findest du das nicht komisch?“

„Doch schon“, gab sie nachdenklich zu. „Aber andererseits – wenn der Stall jetzt bald fertig ist, hat sich Hans vielleicht gedacht, dass es ganz okay ist, wenn Mike mal einen freien Abend hat. Und du bist ja nicht da.“

„Und was ist, wenn er sich in sie verliebt?“, fragte ich sie beunruhigt. „Sie sieht irre süß aus und reitet gut.“

Fanny sah mich an und nickte. „Ja, das Risiko besteht natürlich. Aber glaubst du das wirklich?“

„Ich weiß nicht“, erwiderte ich seufzend und schloss dann die Webseite. Typisch, dass Susi gerade in dieser Woche nach Hause kommen musste. „Hilf mir! Was soll ich ihm jetzt schreiben?“

„Überhaupt nichts“, erwiderte Fanny. „Denk erst einmal in Ruhe nach, damit du nichts Verkehrtes schreibst!“

„Aber ...“, begann ich, doch dann sah ich ein, dass Fanny Recht hatte. Es war besser, ein wenig zu warten, bevor ich antwortete, auch wenn ich kein gutes Gefühl dabei hatte. So sehr ich mich danach gesehnt hatte, Fanny wieder zu sehen, so lang erschien mir plötzlich die Woche, die vor uns lag.

Später trafen wir Fiona im Stall. Sie fragte mich, ob ich Lust hätte Jack zu bürsten, und ich nahm dieses Angebot gerne an. Ich war froh, durch die Arbeit abgelenkt zu werden. Während ich mit der Bürste über Jacks dunkles, glänzendes Fell strich, versuchte ich nicht mehr an Mike und die E-Mail zu denken, die ich von ihm bekommen hatte. Aber das war gar nicht so einfach. Immer wieder schweiften meine Gedanken ab und ich spürte, wie die Eifersucht in mir nagte. Ich war noch nie in jemanden so verliebt gewesen wie in Mike. Er war der netteste Junge, den ich bisher kennen gelernt hatte und wir ...

„Hallo! Wirst du irgendwann einmal auch fertig?“, rief Fanny plötzlich lachend. Ich erschrak so heftig, dass mir beinahe die Bürste aus der Hand gefallen wäre.

„Was?“

„Würdest du ein paar Hindernisse für uns aufbauen oder hast du vor, den ganzen Tag bei Jack zu verbringen?“, zog Fanny mich auf, und ich verdrehte die Augen. Ich schob die Gedanken an Mike und Susi in eine winzige Ecke ganz, ganz hinten in meinem Kopf und ging zur kleinen Reitbahn neben dem Stall. Fiona und Fanny saßen auf und ich sah mir die Hindernisse an, die in einem kleinen Schuppen nebenan standen.

Unsere Hindernisse zu Hause sind nicht sehr beeindruckend, das gebe ich ehrlich zu. Aber verglichen mit Fionas waren sie die reinsten Wrackteile. Fionas Mutter war eine bekannte Springreiterin gewesen, und die Hindernisständer und Stangen, die unter einer kleinen Überdachung an der einen Schmalseite der Reitbahn standen, sahen ausgesprochen professionell aus. Ich schleppte sechs Hindernisständer heran und ebenso viele Stangen. Dann baute ich drei Bodenricks auf. Da Fanny mit Shamira noch nicht allzu oft gesprungen war, dachte ich mir, dass das für den Anfang vielleicht eine ganz gute Übung für die beiden sein könnte. Gleichzeitig konnten sich Fiona und Winny dabei aufwärmen.

Fanny begann und sprang mit Shamira problemlos über alle drei Ricks. Über das letzte flog Shamira wie ein Helikopter, so dass Fanny das Gleichgewicht verlor und bei der Landung weit vorn am Hals der Stute hing. Aber sie schaffte es, sich auf dem Rücken des Pferdes zu halten.

Dann kam Fiona an die Reihe. Sie versuchte Winny im Trab ruhig an das erste Rick heranzuführen. Aber das gelang ihr nicht. Die Stute beschleunigte sofort und lief in vollem Tempo auf das Bodenrick zu. Dieser Stil kam mir sehr bekannt vor. Winny sprang genau wie Fandango, obwohl sie ein großes Pferd und kein Pony war.

Fiona schaffte es gerade noch, Schwung für Rick Nummer zwei zu holen. Das dritte ließ sie aus, weil Winny nach dem zweiten schräg auf die Seite hinausgaloppierte, statt sich auf das letzte Rick hin auszurichten und es zu überspringen.

„Noch einmal", rief ich Fiona aufmunternd zu, die Winny zum Schritt durchparieren wollte. Die Stute schüttelte den Kopf und fing stattdessen zu tänzeln an.

„Sie ist wirklich anstrengend", keuchte Fiona. „Ich kann sie kaum halten."

„Lass sie in ruhigem Trab auf dem Zirkel gehen, bevor du Anlauf zum Springen nimmst, und dann überspring ein Rick nach dem anderen!", empfahl ich ihr in meinem mittelmäßigen Englisch, aber Fiona schien verstanden zu haben, was ich meinte.

Sie nickte und begann mit Winny zu traben. Die fiel sofort mit hoch erhobenem Kopf und Schweif in einen raschen Trab. Das bisschen Dressurreiten konnte die braune Stute nun wirklich nicht täuschen. Sie wusste, dass sie bald wieder springen durfte – und das liebte sie.

Während Fiona Winny zu beruhigen versuchte, durfte Fanny noch ein paar Runden springen, und dann legte ich die Stangen etwas höher. Shamira sprang ziemlich gut, aber sie hatte Probleme, den richtigen Absprungspunkt zu finden. Deshalb legte ich Stangen vor alle drei Bodenricks, und gleich ging es besser. Shamira sprang ruhig und überlegt, und Fanny strahlte übers ganze Gesicht, als sie fertig waren.

„Das hat sie wirklich gut gemacht“, lobte ich die Stute und Fanny nickte zufrieden.

„Ja, das stimmt“, bestätigte sie stolz und klopfte Shamira den Hals. Dann ließ sie Shamira im Schritt am langen Zügel gehen und brachte sie anschließend in den Stall.

In der Zwischenzeit hatte Fiona es geschafft, dass sich Winny wieder etwas beruhigt hatte. Die Stute verhielt sich nun tadellos. Sie trabte mit gespitzten Ohren, kaute auf dem Gebiss und ging leicht und versammelt am Zügel. Fiona reitet gut, dachte ich im Stillen voller Bewunderung. Ich schaffte es nur in Ausnahmefällen, dass Fandango so versammelt ging – vielleicht weil ich Dressurreiten entsetzlich langweilig finde und lieber in vollem Galopp durch den Wald reite, wenn wir nicht gerade springen.

Winny trabte noch einmal auf das erste Rick zu und nun ging es schon viel besser. Für sie bedeutete die Absprungstange eine genauso große Hilfe wie für Shamira und deshalb sprang sie dieses Mal wesentlich ruhiger. Fiona saß bleich und mit zusammengebissenen Zähnen auf ihr, und obwohl Winny ihr jetzt besser gehorchte, ritt sie mit ausgesprochen kurzen Zügeln. Sofort nachdem sie die drei Bodenricks übersprungen hatte, parierte sie Winny zum Schritt durch, lockerte die Zügel und klopfte die Stute am Hals.

„So, ich glaube, das reicht jetzt", entschied sie schnell und saß ab. Sie zog die Steigbügel nach oben, löste den Sattelgurt und führte dann die schweißnasse Stute zum Abkühlen etwas umher.

„Okay", sagte ich erstaunt und begann wieder alle Hindernisse abzubauen. Nachdenklich warf ich einen kurzen Blick zu Fiona und Winny hinüber, die am hinteren Ende des Reitplatzes umherspazierten.

Fiona schien sich tatsächlich damit zu begnügen, über die gleichen niedrigen Hindernisse wie Fanny zu springen, obwohl sie doch eine erfahrene Reiterin war und zudem ein wunderbares Springpferd besaß.

Plötzlich erinnerte ich mich daran, was Fanny mir von dem Unfall erzählt hatte. Kann es sein, dass Fiona vielleicht immer noch Angst hatte?, fragte ich mich. Dann wäre es nicht verwunderlich, dass ihr das Springen Unbehagen bereitete. Andererseits waren da die Turniere am Sonntag und es winkte die Chance, Geld zu gewinnen – also eine große Herausforderung für sie. Vielleicht brauchte Fiona nur so einen gewissen Kick, damit sie sich wieder traute?

Nachdem wir die Pferde auf die Koppel zurückgebracht hatten, fragte Fiona, ob wir Lust hätten, noch eine Kleinigkeit bei ihr zu essen. Wir bedankten uns für die Einladung und eine Weile später saßen wir um einen kleinen, klapprigen Holztisch draußen auf der Terrasse herum.

Das Haus von Fiona und ihrem Vater sah genauso aus wie die Häuser, die man manchmal in englischen Krimis sieht, wenn irgendwo in einem kleinen Dorf ein Mord passiert. Es war weiß gekalkt, mit dicken Steinwänden und einem Strohdach. In den Blumenbeeten davor herrschte eine üppige Blütenpracht und die Stockrosen an der Haustür waren größer als ich.

Innen war es klein und eng und überall standen eine Menge Möbel und Sachen herum. Aber irgendwie wirkte das alles richtig gemütlich. An den Wänden hingen neben Fotos von verschiedenen Pferden und Reitern auch eingerahmte Bleistiftzeichnungen und einige große Gemälde. Im Wohnzimmer stand ein Schrank voller Pokale und Preise. An der Wand dahinter hingen Schleifen in allen möglichen Größen und Farben.

„Oh!“, sagte ich beeindruckt, „wer hat das denn alles gewonnen?“

„Mama“, antwortete Fiona stolz. „Sie hat bei irre vielen Turnieren mitgemacht und ist sogar in der Nationalmannschaft geritten.“

„In welcher Reitsportart ist sie angetreten?“, fragte Fanny und strich mit dem Finger über ein wunderschönes Porzellanpferd, das auf einem Tisch stand.

„Meist Springreiten“, erwiderte Fiona. „Aber sie hat auch an Hindernisrennen teilgenommen, so genannten Steeplechases. Aber kommt jetzt, ich will euch mein Zimmer zeigen!“

Fionas Zimmer lag im ersten Stock. Genau wie im Haus von Fannys Eltern führte auch hier eine schmale, steile Treppe hinauf. Irgendwie scheinen die Engländer keine richtigen Treppen bauen zu können, dachte ich mir.

Fionas Zimmer war mit dunklen, altmodischen Möbeln eingerichtet und an der Wand hing eine geblümte Tapete. Von ihrem Fenster aus konnte sie direkt auf die Pferdekoppel sehen, und ich versuchte Fiona zu erklären, dass es bei mir zu Hause ganz genauso war. Aber ich verhaspelte mich so sehr, dass Fanny mir helfen musste – sonst hätte ich zum Schluss noch erzählt, dass ich auf der Koppel weidete und die Pferde mir oben vom Fenster aus dabei zusahen.

In diesem Moment rief Fionas Vater etwas von unten herauf und wir gingen wieder die Treppe hinunter und hinaus in den Garten. Er hatte Tee und Zitronensaft mit Eisstücken serviert und unglaublich leckere Vanillekekse auf den Tisch gestellt.

Wir setzten uns, redeten, und es war einfach irre gemütlich. Ab und zu tauchte Mike wieder in meinen Gedanken auf, aber jedes Mal schob ich sie so gut es ging beiseite.

Die Pferde hörten unsere Stimmen und kamen zum Zaun gelaufen. Jack, der Kekse liebte, fraß sicher den Inhalt der halben Keksdose auf. Winny und Shamira schienen sie dagegen nicht zu mögen. Winny schnupperte zwar neugierig daran, wollte aber keinen haben. Shamira nahm einen Keks und kaute darauf herum, verzog dann jedoch angewidert das Gesicht und ging wieder zu ihrem geliebten Gras zurück.

Wir hörten, wie das rostige Tor quietschte, als der Briefträger es öffnete und hereinkam. Er war ein großer, blonder Mann mit einer schweren Tasche voller Post. Fionas Vater ging auf ihn zu und erhielt ein Kuvert. Dann kam er wieder zu uns zurück.

Ich weiß nicht warum, aber irgendwie konnte ich plötzlich eine gewisse Unruhe bei Fionas Vater spüren. Wir saßen schweigend um den Tisch herum, während er das sehr amtlich aussehende Kuvert öffnete. Mit einer steilen Sorgenfalte auf der Stirn las er den Inhalt durch. Dann murmelte er etwas Zorniges vor sich hin, knüllte das Blatt zu einem kleinen Ball zusammen und warf es so, dass es direkt in der leeren Keksdose landete.

Fiona sah ihn besorgt an.

„Was steht drin, Papa?“, fragte sie und ihr Vater verzog das Gesicht zu einer wütenden Grimasse.

„Das Gleiche wie immer. Wenn wir nicht zahlen, kündigt die Bank den Kredit und nimmt uns das Haus weg.“

„Und wo sollen wir dann hin?“, fragte Fiona beunruhigt. „Kannst du das Geld denn nicht von den Großeltern leihen?“

Ihr Vater schüttelte den Kopf. „Nein, das geht nicht, Liebling. Wir müssen versuchen, das Problem anders zu lösen.“

Fionas Vater stand auf und ging ins Haus. Die Tür fiel hinter ihm ins Schloss und ich warf Fiona einen verstohlenen Blick zu. Ihr Gesicht war kreidebleich.

„Oh Gott, ich wünschte mir so sehr, Mama würde noch leben", sagte Fiona leise. Ich sah, wie verzweifelt sie war. „Als sie noch gelebt hat, war hier alles ganz anders."

Tränen rollten ihr über die Wangen. Sie wischte sie schnell mit dem Handrücken weg. Fanny legte ihr tröstend den Arm um die Schultern.

„Das kommt alles wieder in Ordnung", versuchte sie sie zu beruhigen. „Du wirst sehen, wir finden eine Möglichkeit, euch aus dieser Notlage zu retten."

Fiona nickte bekümmert.

„Du solltest am Sonntag bei dem Turnier antreten", sagte ich und versuchte aufmunternd zu klingen. „Wenn du gewinnst, könntet ihr das Geld fürs Haus verwenden."

Fiona schaute mich an und seufzte tief. „Ja, wenn wir gewinnen!", meinte sie. „Da nehmen eine Menge guter Reiter teil und ich ... ich ... nein, nichts ... "

Sie holte tief Luft, stand auf und begann damit, alles, was auf dem Tisch stand, auf ein Tablett zu räumen.

Fanny und ich begriffen, dass sie jetzt gerne allein sein wollte. Wir verabschiedeten uns schnell und fuhren mit den Fahrrädern nach Hause.

„Das ist alles so traurig", sagte Fanny, als wir in die Straße einbogen, in der das Haus ihrer Eltern stand. „Ich wünschte, wir könnten etwas tun."

Ich nickte. „Ja, du hast Recht. Aber das Einzige, was wir im Moment tun können, ist, sie dabei zu unterstützen, dass sie das Springturnier am Sonntag gewinnt."

Fanny sah mich skeptisch an. „Aber ich zweifle stark daran, dass Fiona da antritt", sagte sie. Wir stellten unsere Fahrräder in der Garageneinfahrt ab.

„Das ist so schade", stieß ich hervor. „Winny ist das herrlichste Pferd der Welt. Sie würde über kleine Häuser springen, wenn man sie darum bitten würde."

„Das stimmt. Aber ich glaube, Fiona hat große Angst", erklärte Fanny und sperrte ihr Fahrrad ab. „Sie scheint ihr ganzes Selbstvertrauen verloren zu haben, wenn es ums Springen geht."

„Eigenartig, dass jemand, der so gut war und so viel gesprungen ist, nicht die Vergangenheit hinter sich lassen kann", wunderte ich mich.

„Ich glaube, sie versucht es mit ganzer Kraft", meinte Fanny. „Aber ich bin mir nicht sicher, ob sie sich ihrer Angst bewusst ist."

Kapitel 5

„Los, wach schon auf!“

Fanny rüttelte mich und ich blinzelte verschlafen.

„Was ist denn los?“, fragte ich sie gähnend und setzte mich auf. „Wie spät ist es?“

„Es ist sieben und wir fahren heute nach London!“, erklärte Fanny. „Also steh endlich auf!“

Ich gähnte noch einmal aus vollem Hals und streckte mich. Fanny und ich hatten gestern bis spät in die Nacht hinein geredet. Ich hatte hin und her überlegt, was ich Mike schreiben sollte. Zum Schluss hatten wir gemeinsam unter großer Mühe eine E-Mail zusammengebastelt. Ich war überhaupt nicht darauf eingegangen, wie schrecklich eifersüchtig ich war, sondern schrieb ihm nur freudestrahlend, wie toll wir es hier hatten. Ganz am Ende hatte ich noch hinzugefügt: Viel Spaß auf der Party! Dann hatte ich die E-Mail abgeschickt.

Als ich später auf meinem harten Feldbett lag, kamen mir Zweifel. Vielleicht wäre es besser gewesen, ihm zu schreiben, wie sich die Sache wirklich verhielt – dass ich ihn vermisste und eifersüchtig auf Susi war. Aber Fanny hatte mir geraten, nicht aufdringlich zu sein – das hatte sie im Ratgeberteil einer Zeitschrift gelesen – und so wusste ich zu guter Letzt überhaupt nicht mehr, was richtig und was falsch war.

Nun ja ... seufz! Die E-Mail war auf alle Fälle weg und müde versuchte ich mir den Schlaf aus den Augen zu reiben. Es würde sicher unheimlich aufregend werden, nach London zu fahren – ich war noch nie in einer so großen Stadt gewesen.

Als ich in die Küche hinunterkam, saßen Cathy und Fanny bereits am Tisch und frühstückten. Das Radio lief. Ein Sprecher im Radio verlas soeben die Nachrichten und ich musste ein Gähnen unterdrücken.

„Der Zug geht kurz vor halb neun", verkündete Cathy und reichte mir das Brotkörbchen.

„Du siehst aber sehr müde aus", fügte sie hinzu und klang fast ein wenig besorgt. „Wann seid ihr denn gestern Abend ins Bett gegangen?"

„Ach, nicht besonders spät!", erwiderte Fanny und wischte mit einer ziemlich lässigen Handbewegung die Frage ihrer Mutter vom Tisch.

„Ich bin ein Morgenmuffel", murmelte ich entschuldigend und strich Butter auf eine frisch geröstete Toastscheibe. Die Scheibe war so heiß, dass ich sie kaum halten konnte und die geschmolzene Butter zog blitzschnell in den Toast ein. Ich wünschte mir, wir hätten auch so einen Toaster zu Hause. Früher hatten wir mal so einen gehabt, aber als er kaputtgegangen war, hatte Papa seinen Bruder gebeten, ihn zu reparieren. Nun hatte der ihn schon seit zwei Jahren zu Hause bei sich und die Chance, dass er ihn vielleicht doch noch irgendwann einmal reparierte, war ziemlich gering.

„Und, was machen wir in London?", fragte Fanny.

Cathy lächelte. „Was ihr wollt", antwortete sie. „Das dürft ihr bestimmen. Aber die größten Sehenswürdigkeiten sollte man natürlich schon besuchen, oder?"

Ich nickte. Von London nach Schweden zurückzufahren, ohne den Big Ben, den Tower, den Buckingham Palast und Picadilly Circus gesehen zu haben – nein, das konnte man nicht bringen.

Kurz nach halb neun stiegen wir in den Zug. Es waren ziemlich viele Leute unterwegs. Cathy meinte jedoch, dass der schlimmste Teil der morgendlichen *Rushhour* schon vorüber sei. Wir hatten das Glück, Sitzplätze nebeneinander zu bekommen, und dann fuhr der Zug quietschend und ratternd bis zur Paddington Station im Herzen Londons weiter.

Ich saß da, schaute zum Fenster hinaus und dachte an Mike. Ob er wohl schon meine E-Mail gelesen hatte? Die müsste doch schon längst bei ihm angekommen sein. Wenn ich viel Glück hatte, war heute Abend, wenn ich zurückkam, eine Antwort für mich da. Ich versuchte an alle möglichen positiven Dinge zu denken, die eintreffen konnten. Vielleicht würde diese Party gar nicht stattfinden. Man konnte ja nie wissen. Oder vielleicht brauchte Hans ihn um stattdessen am Stall weiterzuarbeiten. Oder es könnte ja auch der Fall eintreten, dass Susi es sich anders überlegte und zu Hause bleiben wollte. Vielleicht würde ja alles gar nicht so schlimm werden, wie ich mir das ausmalte, überlegte ich und versuchte mich zu beruhigen, damit mir meine Grübeleien nicht die ganze Reise nach London vermiesten.

Vor dem Fenster glitt die englische Landschaft an uns vorbei. Wir sahen Häuser mit prächtigen Gärten davor, Industriegebiete, Bahnhöfe, Gegenden mit langweiligen, heruntergekommenen Mietshäusern, Geschäftsviertel und breite Straßen mit langen Autoschlangen.

„Wie viele Einwohner hat London eigentlich?“, fragte ich, als der Zug in zahlreichen Vororten hielt, an deren Namen ich mich nicht mehr erinnere.

„Ungefähr acht Millionen“, erklärte Cathy.

„Das sind ja so viele wie in ganz Schweden!“, stellte Fanny überrascht fest. „Unglaublich, dass alle auf dem gleichen kleinen Fleck Platz haben.“

Ich nickte. Da konnte ich ihr nur Recht geben.

Dann kamen wir in der Innenstadt an und stiegen aus.

Ich sah mich um und spürte, wie mein Herz vor Spannung und Neugier aufgeregt zu schlagen begann. Überall hasteten

Menschen an uns vorbei, entweder auf dem Weg zu einem Zug oder zur U-Bahn oder auf dem Weg vom Bahnsteig hinauf zum Ausgang des Bahnhofs. Die feuchte Morgenluft war erfüllt von Großstadtdüften. Große Werbeplakate machten Reklame für Geschäfte, Museen und eine Broschüre mit Veranstaltungshinweisen. Sie hieß: *What's On In London*, wenn ich mich recht erinnere. Alle Leute, denen wir begegneten, sahen gestresst aus und schienen eine irre Menge wichtiger Sachen erledigen zu müssen. Und es gab wirklich alle möglichen Typen von Menschen: angefangen von eleganten Geschäftsleuten in Anzügen und mit polierten Aktenkoffern über junge Mädchen in Rock und Top und Jungs in Jeans und Rasta-Look, bis hin zu Punkern mit pechschwarzen Haaren, Typen mit schwarz oder weiß angemalten Gesichtern und heruntergekommenen Obdachlosen in abgerissener Kleidung und rot unterlaufenen Augen. Und in diesem Gewühl tauchte plötzlich die Frau aus dem Flugzeug auf!

Weder sie noch ich trauten unseren Augen, als wir uns auf dem Gehsteig vor dem Bahnhof sahen. Unsere Blicke trafen sich und sie starrte mich mit gerunzelter Stirn an. Sie war sehr gepflegt gekleidet und trug einen hellen Leinenrock, eine Bluse und ein Jackett. Außerdem hatte sie die gleiche Aktentasche bei sich, über die ich tags zuvor in dem kleinen Tabakladen gestolpert war. Einen Moment lang wusste ich nicht, was ich tun sollte. Sie grüßen, als ob wir alte Bekannte wären? Sie übersehen? Meine Nachbarin im Flugzeug löste das Problem, indem sie mir zunickte. Ich nickte zurück.

„Wer war das denn?“, fragte Cathy neugierig. „Jemand, den du kennst?“

„Wir sind auf dem Flug hierher nebeneinander gesessen“, murmelte ich.

„Und außerdem habt ihr euch doch gestern im Laden von Mr. Perrington getroffen“, kicherte Fanny. „Ich hab selten so was Lustiges erlebt.“

„Haha!“, sagte ich und verdrehte die Augen. „Es war gar

nicht so witzig, die ganzen Ansichtskarten wieder einzusortieren."

Wir gingen eine breite Straße entlang und dann schlug Cathy vor, in einer Kaffeebar eine Kleinigkeit zu trinken. Cathy bestellte eine Tasse Cappuccino und Fanny und ich tranken eine Cola.

Kurz darauf schlug Cathy einen Stadtplan von London auf und machte Vorschläge, was wir uns ansehen könnten.

„Wenn wir die U-Bahn nehmen, die Circle Line, kommen wir an allen berühmten Sehenswürdigkeiten vorbei und ..."

„Mama, wir könnten doch in so einem roten Bus eine Stadtrundfahrt machen", unterbrach Fanny sie und deutete zum Fenster hinaus.

„Ja, das ist eine gute Idee", meinte Cathy und faltete den Stadtplan zusammen. Kurz darauf bestiegen wir einen Sightseeing-Bus. Es war ein roter Doppeldecker ohne Dach und von oben hatte man eine fantastische Aussicht.

Der Bus schlängelte sich durch schmale Gässchen und fuhr durch breite Prachtstraßen. Währenddessen erklärte uns der Fremdenführer alle Sehenswürdigkeiten, an denen wir vorbeikamen. Ich verstand nicht einmal die Hälfte von alledem, was er sagte, aber Fanny versuchte es mir zu übersetzen, so gut es ging.

Überall gab es Autoschlangen, Menschen und Häuser – London kam mir irre groß vor – und ich kann mich nicht mehr erinnern, in welcher Reihenfolge wir all die Monumente und berühmten Plätze gesehen haben.

Zum Schluss herrschte in meinem Kopf ein wüstes Durcheinander, und als Cathy meinte, es sei Zeit auszusteigen, freute ich mich, wieder die Beine bewegen zu können.

Fanny und ich wollten unbedingt zu Harrods gehen. Das ist ein großes Kaufhaus. Und nun waren wir auf dem Weg dorthin.

Im Grunde genommen sah es wie jedes schwedische Kaufhaus aus. Fanny blieb sofort in der Abteilung für Designerklamotten hängen, während Cathy und ich in den nächsten Stock hochfuhren. Ich suchte nach Geschenken für den Rest der Familie, und Cathy wollte ein paar Dinge für die Küche kaufen. Fanny folgte uns widerwillig. Sie war sauer, weil wir nicht länger bei den Kleidern geblieben waren. Aber Cathy versprach ihr, dass sie das süße Top, das Fanny gefunden hatte, danach anprobieren dürfte. Die Küchenabteilung war riesengroß und obwohl ich nicht im Geringsten an derartigen Geräten interessiert bin, folgte ich Cathy und mit einemmal war ich völlig fasziniert. Ich ging die Regale entlang und plötzlich entdeckte ich Teetassen mit Pferdemotiven darauf.

Ganz spontan beschloss ich, eine Tasse für mich selbst zu kaufen – als Erinnerung an diese Reise. Die Wahl fiel mir schwer. Zum Schluss entschied ich mich für eine wunderschöne Tasse mit einem Schimmel darauf. Wie er da so in vollem Tempo auf der Tasse dahergaloppiert zu kommen schien, erinnerte es mich irgendwie an Fandango.

Ich hatte mir vorgenommen, für den Rest der Familie irgendetwas Lustiges zu kaufen, aber das war gar nicht so einfach. Zum Schluss fand ich ein Anschlagbrett für meine Eltern, das wir vielleicht in der Küche aufhängen konnten. Es war aus Holz und hatte eine längliche Form. Auf der oberen Hälfte war eine Jagdgesellschaft hoch zu Ross aufgemalt und darunter befand sich so eine altmodische schwarze Tafel, auf die man mit weißer Kreide schreiben konnte.

Für Sofia fand ich nichts, aber das spielte keine Rolle. Der Tag war ja noch lang. Kurz darauf entdeckte ich Fanny und Cathy unten bei den Modeklamotten. Fanny hatte ihre Mutter beschwatzt, ihr das süße Top zu kaufen. Ich sah ihr an, wie glücklich sie war. Nachdem wir es an der Kasse bezahlt hatten, machten wir uns zu einem gemütlichen Pub auf um dort Mittag zu essen.

Ich erzählte den beiden, was ich gekauft hatte und dass ich immer noch ein nettes Geschenk für Sofia suchte.

„Ich wüsste was“, grinste Fanny.

„Und das wäre?“, fragte ich neugierig, aber Fanny lachte nur und schüttelte den Kopf.

„Ich zeige es dir, wenn wir gegessen haben.“

In dem Pub war es urgemütlich. Wir unterhielten uns bestens und das Essen schmeckte gut. Zum Schluss lud uns Cathy noch zu einem Nachtisch ein: Eis mit einer Riesenportion Schlagsahne und Schokostreusel oben darauf.

Pappsatt verließen wir den Pub.

„Und wohin geht's jetzt?“, fragte ich Fanny, die sich bei mir einhängte.

„Komm mit!“, sagte sie grinsend. Sie führte mich zu einem Souvenirladen, der mit den geschmacklosesten, kitschigsten Sachen, die man sich nur vorstellen kann, vollgestopft war. Dort gab es Tee-Henkeltassen mit der Königsfamilie darauf – das Ganze war auch noch üppig mit Goldfarbe dekoriert – verschiedene Souvenirs in Form von Bleistiftspitzern und Schirmmützen auf denen LONDON stand, in Massen produzierte Aquarelle mit der Tower Bridge, Kühlschrankmagneten mit dem Tower und Ansichtskarten, Tabletts und kleine Bilder mit der Königsfamilie oder verschiedenen Sehenswürdigkeiten – oder beidem.

Glaubte Fanny im Ernst, ich würde hier etwas finden?

Sie verschwand hinter einem Ständer mit Klamotten und kam gleich wieder hervor – übers ganze Gesicht strahlend. Dann musste ich auch lachen – und ging gleich darauf zur Kasse um das T-Shirt zu bezahlen, dass sie – ganz speziell für meine liebe Schwester – ausgesucht hatte.

Als wir aus dem Geschäft kamen, stand Cathy da und las in einer Zeitung, die sie sich gekauft hatte. Ich wickelte das T-Shirt aus und zeigte es ihr. Und auch sie begann zu lachen.

Das T-Shirt war weiß und rot und in blauen Buchstaben stand darauf geschrieben: *My sister went to London – and all I got was this lousy T-shirt!*

Es war das perfekte Geschenk für Sofia.

Einige Stunden später stiegen wir in der Ortschaft, in der Fannys Eltern wohnten, aus dem Zug. Ihr Vater wartete bereits mit dem Auto auf uns. Ich war sehr froh darüber, denn ich hatte das Gefühl, keinen Meter mehr laufen zu können. Meine Füße schmerzten und mir brummte der Kopf von all den Eindrücken des Tages.

Zu Hause packte ich die schöne Teetasse aus und trank natürlich sofort meinen Tee daraus.

Anschließend zogen Fanny und ich uns in ihr Zimmer zurück und ich konnte endlich nachsehen, ob ich eine Mail bekommen hatte. Es war tatsächlich eine gekommen, aber es handelte sich nur um Reklame von einer Firma, die ein Pulver mit Erdbeergeschmack anbot. Damit konnte man angeblich in 10 Tagen 15 Kilo abnehmen – oder war es umgekehrt? Ich löschte sie und fragte mich besorgt, warum Mike mir noch nicht geantwortet hatte. Hatte er meine E-Mail nicht bekommen? Hatte ich etwas geschrieben, worüber er sich geärgert hatte? Oder hatte er keine Zeit mehr für mich, weil Susi ihn voll in Beschlag genommen hatte?

„Jetzt mach dich nicht verrückt!“, versuchte Fanny mich zu beruhigen und schaltete den Fernseher ein. Wir wollten uns vor dem Schlafengehen noch einen guten Film ansehen.

„Ja, aber ... “, sagte ich und stellte den Computer ab. „Was, wenn er ... ?“

„Vielleicht hat er die E-Mail noch nicht bekommen. Manchmal kann es über einen Tag dauern, bis sie ankommt“, unterbrach mich Fanny. „Komm, der Film hat gerade angefangen!“

„Und was ist, wenn er sie bekommen hat und nicht antwortet?“, ließ ich nicht locker. „Susi ist doch zu Hause und ... “

„Schluss jetzt damit! Wenn du bis morgen Abend keine Antwort bekommen hast, kannst du damit beginnen, auszuflippen. Übrigens, ich hab eine Riesentüte Karamellbonbons gekauft. Die mit Schokolade musst du unbedingt probieren! Die schmecken super.“

Fanny warf mir eine Tüte mit Bonbons zu und ich wählte

ein paar davon aus, die ganz besonders lecker aussahen. Ich weiß auch nicht warum, aber irgendwie war ich ein wenig sauer auf Fanny. Sie nahm alles auf die leichte Schulter. Warum begriff sie nicht, dass ich mir Sorgen machte? Wir waren doch beste Freundinnen? Oder waren wir das nicht mehr?

Beklommen kroch ich unter die Bettdecke und klopfte ein paar Kissen auf, damit ich mir den Film halb im Liegen bequem ansehen konnte. Er war super und Brad Pitt sah wie immer fantastisch aus. Aber was half das alles. Meine Gedanken schweiften die ganze Zeit ab und die Dinge, an die ich dachte, waren nicht besonders erfreulich.

Kapitel 6

Am Dienstagmorgen waren wir beide todmüde und Cathy ließ uns lange schlafen. Als wir endlich aufwachten, ging Fanny in die Küche hinunter und richtete ein Tablett mit Tee und Toastbrot her. Danach frühstückten wir in unseren Betten und schauten uns im Fernsehen eine Comedy-Serie an.

Ich fühlte mich wieder ein wenig besser, und als Fanny das Frühstückstablett nach unten brachte, dachte ich, dass ich ganz schön bescheuert gewesen sein musste, zu glauben, dass wir vielleicht keine besten Freundinnen mehr sein könnten. Ich war tags zuvor wahrscheinlich einfach nur müde und deprimiert gewesen. Aber jetzt war alles wieder so wie sonst auch.

Den Rest des Vormittages verbrachten wir damit, nichts zu tun, außer dass ich ab und zu nachsah, ob Mike mir schon eine E-Mail geschrieben hatte. Das war natürlich nicht der Fall. Fanny zeigte mir eine paar lustige Homepages im Internet. Auf der einen tanzten beispielsweise eine Menge Hamster zu einer sich endlos wiederholenden Melodie. Cool! Für so etwas hatte ich zu Hause nie Zeit. Meine Eltern wachten immer mit Argusaugen darüber, dass ich ja nicht zu lange im Internet surfte. Dabei ist Sofia diejenige, die dauernd im Netz hängt. Und sie sorgt auch dafür, dass unsere Telefonrechnung so hoch wie der Eiffelturm ist.

Nach dem Mittagessen legte sich Fanny im Wohnzimmer auf die Couch und ich lümmelte mich in einen der bequemen Sessel. Auch wenn die Sonne nicht schien, war es warm. Man hätte es wohl eher als diesig bezeichnen können. Am liebsten wären wir zum Baden gefahren, aber Cathys Auto wollte nicht anspringen und Martin war im Büro. Also konnte uns niemand fahren. So faulenzten wir stattdessen im Wohnzimmer, redeten über Mike, die Pferde, die arme Fiona und ihren Vater – und über einen Jungen, der in einem der anderen Reihenhäuser hier in der Straße wohnte und den Fanny unglaublich süß fand. Sie hatten sich ein paar Mal gegrüßt, aber nie miteinander gesprochen. Trotzdem war Fanny ganz sicher, dass er Interesse an ihr hatte. Ich schwieg, denn ich wusste, dass Fanny auf Jungs eine magnetische Anziehungskraft ausübte. Sie musste sie nur ansehen und lächeln, dann kamen sie schon angelaufen und luden sie zum Essen ein, wollten sich einen Film mit ihr im Kino ansehen oder einfach nur mit ihr zusammen sein.

Während wir miteinander redeten, tranken wir Mineralwasser mit einer Unmenge von Eiswürfeln und Zitronenscheiben im Glas. Gleichzeitig zappten wir durch die verschiedenen Fernsehkanäle. In den meisten Programme traten Verkäufer auf, die den Zuschauern die verrücktesten Sachen anzudrehen versuchten.

Um halb fünf kontrollierte ich zum siebten Mal meinen Posteingang. Endlich blinkte die Mailbox auf, dass Post gekommen war. Ich stürzte mich erwartungsvoll darauf, stellte aber schnell fest, dass sie von Sofia war. Seufz!

Sie hatte die Mail von Alexandras Computer aus geschickt und die Nachricht war nur ganz kurz. Es stand kein einziges Wort über Mike darin, stellte ich enttäuscht fest. Sie schrieb, dass das Konzert zwar gut gewesen sei, aber dass Papa sie und Alexandra total verrückt gemacht habe, weil er wie ein Bescheuerter herumgetanzt sei und das ganze Konzert über Luftgitarre gespielt habe. Danach habe er versucht, hinter der Bühne mit dem Gitarristen zu reden. Als Sofia schließlich eine heftige Übelkeit vorgetäuscht hatte, seien sie nach Hause gefahren. Ich grinste vor mich hin, trotz meines Kummers. Die arme Sofia! Musste so was Megapeinliches erleben!

Gegen halb fünf fuhren wir mit dem Fahrrad zum Stall. Fanny hatte mit Fiona ausgemacht, dass wir zusammen zum Reitclub reiten würden und dass ich mir Jack leihen durfte.

Ich mochte Jack sehr und Fanny meinte, dass er problemlos zu reiten sei, auch wenn er jetzt meist nur den beiden anderen Pferden Gesellschaft leistete.

Eine Weile später tauchte Fiona auf. Sie sah bleich aus, hatte dunkle Ringe unter den Augen und war nicht besonders gesprächig. Irgendwie schien sie sauer zu sein. Während wir uns mit den Pferden beschäftigten, sprach sie kein Wort. Ich fragte mich, ob sie uns wohl insgeheim vorwarf, sie zu etwas überredet zu haben, das sie im Grunde genommen gar nicht wollte?

Es herrschte betretenes Schweigen, während wir die Pferde putzten. Dann machten wir uns daran, sie zu satteln. Da Jack keinen Sattel hatte, musste ich ohne reiten. Von Fiona konnte ich mir eine alte, verstaubte Reitkappe leihen. Die drückte zwar etwas an der Stirn, aber ansonsten war sie in Ordnung. Kurz darauf schwang ich mich auf Jacks breiten Rücken.

„Wie weit ist es zur Reitschule?“, fragte ich, als wir im Schritt vom Hof ritten.

„Ungefähr zwei Kilometer“, antwortete Fiona. Dann verstummte sie wieder. Langsam begann ich zu bereuen, dass Fanny und ich ihr diesen Vorschlag gemacht hatten. Ohne die betrübte Fiona im Schlepptau hätten wir beide uns die Zeit sicher viel lustiger vertrieben. Gleichzeitig tat sie mir aber auch Leid. Ich konnte verstehen, dass sie sich Sorgen machte, wie es mit Winny weiterging. Und das war es wahrscheinlich auch, was ihr ständig durch den Kopf ging. Es dauerte nicht lange und wir kamen zur Reitschule, die ein kleines Stück außerhalb der Ortschaft lag. Das Stallgebäude und das ganze Drumherum sahen genauso aus, wie man sich eine englische Reitschule vorstellt. Sie bestand aus zwei Wiesen, die an den Stall anschlossen und rund um einen hübschen, gekiesten Hofplatz verliefen. Insgesamt gab es zehn Pferdeboxen. Alle hatten geteilte Türen und in den meisten standen Pferde und guckten heraus. Es gab alles: angefangen von edlen, großen Reitpferden bis hin zu kräftigen Ponys. Sogar ein Fjordpferd entdeckte ich.

Hinter dem Stall lag die Reithalle. Das war eine große, graue Scheune, neben der sich ein weites Feld mit einem sehr gepflegten, weißen Holzzaun erstreckte. Jack, der sich hier auszukennen schien, streckte den Kopf in die Höhe und wieherte laut und durchdringend.

„Pssst, du Rowdy!“, wies Fiona ihn zurecht und musste lächeln. Mit einem Schlag wirkte alles viel freundlicher.

„Wohin reiten wir?“, fragte ich.

Fanny zeigte auf das Feld vor uns. „Dorthin natürlich! Komm!“

Wir ritten im Schritt durchs Tor und ich sah mich um. An einem Ende des Feldes fand gerade eine Reitstunde statt. Vier Kinder ritten im Kreis um eine Reitlehrerin. Die trug eine Schirmmütze, Reithosen und ein grelles, gelbes T-Shirt. Die Kleinen hatten die Steigbügel übergeschlagen und übten Aussitzen. Es sah äußerst mühsam aus.

Links von uns lag eine große, ebene Rasenfläche mit einer Menge Hindernisse. Als Jack merkte, dass wir uns darauf zubewegten, begann er ganz eifrig auszuschreiten und hob den Kopf. Ich klopfte ihm beruhigend den Hals.

„Er springt gern, oder?“, fragte ich Fiona.

Sie lächelte mich an. „Früher war er ein hervorragendes Turnierpony. Einfach großartig.“

Mir entging nicht, wie viel Liebe in ihrer Stimme mitklang und plötzlich fragte ich mich, ob sie es vermisste, Jack nicht reiten zu können – und zwar mehr, als sie sich eingestehen wollte.

Wir hatten gerade im Schritt alle Hindernisse inspiziert, und Fanny und Fiona hatten besprochen, über welche sie springen wollten und in welcher Reihenfolge, da tauchte Fionas Vater auf. Obwohl er im Alter meines Vaters war, also rund um die Vierzig, sah er wie ein junger Bursche aus, als er mit langen, schlaksigen Schritten über das Gras lief und auf uns zukam.

„Ich wollte euch beim Aufbauen der Hindernisse helfen", bot er freundlich an. „Da kann man immer Hilfe brauchen."

Fiona nickte und nahm die Zügel auf. Fanny tat dasselbe. Bald trabten und galoppierten die beiden in großen Bögen umher um die Pferde aufzuwärmen. Ich war inzwischen von Jacks breitem Rücken herabgeglitten und ließ ihn am Zaun weiden.

Fionas Vater setzte ein paar von den Hindernisse zusammen, die herumstanden. Keines davon war besonders hoch, aber ich sah, dass Fiona immerz in unsere Richtung schielte. Wenn er ein Hindernis zusammengebaut hatte, ritt sie zu ihm hin und bat ihn, es niedriger zu stellen. Und er kam ihrer Bitte nach.

Bis zu diesem Zeitpunkt waren wir ganz allein auf diesem Teil des Feldes gewesen, das als Reitbahn diente. Nun kamen noch zwei weitere Reiterinnen mit ihren Pferden hinzu. Die eine war ein ziemlich klein gewachsenes, stupsnasiges, hellblondes Mädchen auf einem gelbbraunen Pony. Sie trug ein T-Shirt und hässliche, dunkellila Reithosen. Und sie schaute ziemlich mürrisch drein. Die andere Reiterin wirkte dagegen wie ein echter Profi. Sie ritt auf einem edlen Rappen mit einem Stockmaß von etwa 160 Zentimetern. Er bewegte sich so geschmeidig wie eine Katze. Das Mädchen trug eine sehr hübsche rosa Bluse und eine hellgelbe Reithose. Das blonde Haar hatte sie zu einem langen Zopf geflochten. Fanny kam zu mir geritten und hielt Shamira an.

„Die auf dem schwarzen Pferd ist Megan Smith", flüsterte sie mir zu. „Und das andere Mädchen heißt Georgina Jones. Die zwei hängen ständig zusammen, obwohl sie so verschieden sind, wie zwei Menschen nur sein können."

„Aha“, sagte ich neugierig und sah die beiden näher kommen. „Wollen sie auch springen?“

„Ja, ich nehme an“, antwortete Fanny und seufzte. „Schade, ich hatte so gehofft, dass wir die Hindernisse für uns allein haben. Ich fühle mich auf Shamira immer noch sehr unsicher.“

Megan und Georgina begannen etwas weiter entfernt damit, ihre Pferde aufzuwärmen. Aber ich bemerkte, dass Megan sehr wohl alles im Auge behielt, was auf der Reitbahn ablief. Als Fiona und Fanny bereit waren, mit dem Springen zu beginnen, hielten sie und Georgina ihre Pferde an. Sie standen Seite an Seite und sahen zu.

Fiona trieb Winny auf das erste Hindernis zu, das ihr Vater aufgebaut hatte. Sie wirkte sehr angespannt. Es war ein einfacher Steilsprung mit drei weißen Stangen. Winny lief im versammelten Galopp darauf zu. Sie sah aus, als ob sie vor Energie gleich explodieren würde und sie sprang so weit vor dem Hindernis ab, dass es ein Riesensprung wurde. Fiona flog fast aus dem Sattel. Aber irgendwie konnte sie sich halten und klammerte sich mit aller Kraft an Winnys Mähne. Nach dem Sprung parierte sie sofort zum Trab durch und Winny gehorchte.

„Reite das nächste Mal ein wenig langsamer!“, rief ihr ihr Vater aufmunternd zu. Fiona verdrehte die Augen.

„Ich kann nichts machen, dass das so schnell geht“, gab sie ihm in gereiztem Ton zur Antwort und ich hörte deutlich ihre Nervosität heraus. Sie tat mir wirklich Leid.

Megan und ihre Freundin ritten im Schritt an der Schmalseite der Reitbahn entlang. Dann blieben sie wieder stehen, saßen schweigend auf ihren Pferden und starrten auf Fiona. Ich hatte nichts gegen sie, trotzdem wünschte ich mir, sie wären nicht hier.

Fiona und Winny versuchten weiter über die niedrigen Hindernisse zu springen, die Fionas Vater aufgebaut hatte, aber irgendwie schienen sie und ihr Pferd sich nicht einigen zu können. Winny liebte es zu springen, aber Fiona fürchtete sich davor. Sie hielt sich verkrampft an den Zügeln fest und zerrte die ganze Zeit Winny im Maul herum, damit die Stute ja nicht zu schnell wurde. Ein paar Mal hielt Fiona das Pferd an, ließ es drei, vier Schritte rückwärts treten und ritt dann wieder weiter. Da Winny die ganze Zeit über gegen die Zügel ankämpfte, kam sie ständig falsch ans Hindernis heran. Einige Mal brach sie aus und lief seitwärts daran vorbei oder sie sprang total verrückt los und landete mitten in den Stangen.

Schließlich verlangsamte Fiona das Tempo, lockerte die Zügel und ließ Winny im Schritt am langen Zügel gehen. Fiona tat mir unendlich Leid. Sie war völlig weiß und den Tränen nahe. Wenn ich doch nur besser Englisch gekonnt hätte um sie ein wenig aufzumuntern. Aber ich fand keine Worte. Ich kenne das Gefühl nur zu gut, wenn man sich wie der letzte Versager vorkommt. Das habe ich mit Fandango viele, viele Male erlebt. Andererseits muss man aber auch versuchen, die Schwierigkeiten zu überwinden, sonst wird man nie besser.

Gerade als Fanny auf das erste Hindernis zutrabte, kam ein rotgesichtiger Mann um die Fünfzig auf die Reitbahn zu. Er trug helle Hosen und ein kurzärmeliges, kariertes Baumwollhemd, das über seinem dicken Bauch spannte. Sein rötliches Haar war an den Schläfen ergraut und er hatte einen unsympathischen, durchdringenden Blick. Er ging lächelnd auf Fionas Vater zu, obwohl der ihm demonstrativ den Rücken zuwandte. Er nahm keine Notiz davon und sprach ihn an. Fionas Vater musste sich umdrehen, ob er wollte oder nicht, und ihm antworten.

Neugierig ging ich ein paar Schritte näher heran, tat aber so, als ob ich Fanny beim Springen beobachten würde. Ich bekam mit, dass sie über Winny sprachen. Wenn ich auch nicht genau verstand, worum es ging, so hörte ich doch, dass ihr Name öfter erwähnt wurde. Fionas Vater machte ein finsteres Gesicht und schüttelte mehrmals den Kopf. Aber der Mann redete unbeirrt weiter und lächelte ihn mit einer ziemlich arroganten Miene an.

Nachdem Fanny gesprungen war, kam sie übers ganze Gesicht strahlend auf mich zu.

„Hast du das gesehen?“, fragte sie mich überglücklich. „War das nicht ein toller Sprung über den Oxer? Und über diese Mauer da ist sie einfach wie Nichts drübergeflogen.“

Ich klopfte Shamira den Hals und lächelte zurück. Ich sah Fanny an, wie glücklich sie war und Shamira hatte ihre Sache wirklich gut gemacht, zumindest das Wenige, was ich gesehen hatte. Ehrlich gesagt, hatte ich etwas schlechtes Gewissen, dass ich mich mehr dafür interessiert hatte, wer dieser Mann war und was er von Fionas Vater wollte, als für Shamiras Sprünge.

Inzwischen hatte sich auch Fiona zu uns gesellt und dann gingen wir alle zusammen zu Fionas Vater und diesem Mann. Megan und ihre Reitfreundin kamen von der anderen Seite geritten und wieder wünschte ich mir, mehr Englisch zu können. Auch wenn ich im Großen und Ganzen verstand, worum es ging, fühlte ich mich ein wenig wie in ein Ratespiel versetzt, wo man bestimmte Hinweise bekommt, dann aber gezwungen ist, den Rest selbst herauszufinden.

„Hast du wirklich vor, bei dem Turnier am Sonntag anzutreten?“, fragte Megans Vater und Fiona nickte verbissen.

„Ja, zumindest habe ich uns angemeldet“, antwortete sie ihm mit angespannter Stimme, und Megans Vater – jetzt hatte ich begriffen, dass er es war, der da stand – lächelte sie spöttisch an. Dann zuckte er mit den Schultern und verdrehte die Augen. Es zeigte deutlich, was er dachte: Du dumme Gans!

„Aber ist es denn wirklich so eine gute Idee, dass du noch an Turnieren teilnimmst? Du willst doch gar nicht springen“, fuhr er fort. „Verkauf uns Winny! Dann kannst du dir für das Geld ein anderes Pferd kaufen.“

„Nein“, sagte Fiona mit verkniffener Miene. „Winny gehört mir. Ich habe sie von meiner Mutter bekommen und sie ist unverkäuflich.“

„Aber was wollt ihr denn mit ihr machen?“, fragte Megans

Vater und hob die Hände. „Du willst doch gar nicht an Turnieren teilnehmen. Vielleicht glaubst du, dass du das willst. Aber schau dir doch mal an, wie das heute gelaufen ist! Du reitest wie ein Anfänger!“

„Also, jetzt reicht es aber“, fuhr Fionas Vater ihn wütend an. „Lassen Sie Fiona in Ruhe! Winny wird nicht verkauft. Das sage ich Ihnen doch schon die ganze Zeit. Unser Entschluss steht fest.“

„Gut!“, meinte Megans Vater und zog die Augenbrauen hoch. „Das werden wir ja sehen.“

Daraufhin drehte er sich um und ging. Wir sahen ihm nach. Megan schnalzte mit der Zunge und ritt mit ihrem Pferd davon. Ihre Freundin Georgina folgte ihr auf ihrem Pony.

„Ich verabscheue diesen widerlichen Kerl“, wetterte Fionas Vater. „Ich begreife nicht, wie Maggie es geschafft hat, mit ihm zusammenzuarbeiten.“

Fiona lächelte ihn dankbar an. „Danke, dass du Winny nicht an diese ekelhaften Menschen verkaufst“, sagte sie leise, und ich sah, dass sie dem Weinen nahe war.

„Das ist doch klar, dass wir Winny nicht verkaufen, mein Liebling“, erklärte ihr Vater ihr mit entschiedener Stimme. „Du hast Winny von deiner Mutter bekommen und du entscheidest, was mit der Stute gemacht wird. Das mit dem Geld kriegen wir schon irgendwie hin.“

„Aber Winny gehört eigentlich in die Hände eines Springreiters“, sagte Fiona besorgt und strich Winny über den Hals. „Megans Vater hat schon Recht, ich reite sie wirklich nicht besonders gut.“

„Wenn du Winny verkaufen oder jemandem als Pflegepferd geben willst, dann kannst du das jederzeit tun“, erklärte Fionas Vater ganz ruhig. „Aber keiner darf dich gegen deinen Willen dazu zwingen. Reitet jetzt nach Hause, Mädchen! Ich muss in der Stadt noch etwas erledigen.“

Er ging mit langen Schritten auf den Zaun zu, an dem er sein Fahrrad gelehnt hatte, und ich sah ihm erstaunt nach.

Trotz aller Schwierigkeiten wirkte er irgendwie optimistisch. Ich konnte nicht erklären, wie ich zu diesem Gefühl kam, aber für mich klang seine Stimme viel entschiedener als tags zuvor. Vielleicht bildete ich mir das aber auch nur ein, weil ich hoffte, dass er einen Weg finden würde um seine wirtschaftlichen Probleme zu lösen.

Fiona saß auf und ich schaffte es mit Hilfe des Zauns, mich auf Jacks Rücken zu schwingen. Er verwandelte sich blitzschnell von einem Gras fressenden kleinen Dicksack zu einem Turnierpony, das den Kopf hin und her bewegte und ganz eifrig auf das nächste Hindernis zustrebte. Das war ein etwa ein Meter hoher Oxer mit einer ganzen Menge wundervoll bunter Stangen.

„He! Beruhig dich wieder!", forderte ich ihn auf und musste lachen. „Sag mal, du tickst doch nicht richtig!"

Jack versuchte so unauffällig wie möglich von der Seite her auf das Hindernis zuzugehen, damit ich es nicht merkte. Als ich die Zügel verkürzte, vollführte er eine Reihe von Bocksprüngen. Ich begreife heute noch nicht, wie ich mich auf seinem Rücken habe halten können. Aber ich tat es, auch wenn nicht viel gefehlt hätte und ich heruntergefallen wäre.

„Ausgesprochen akrobatisch", lobte Fanny lachend. „Damit könntest du im Zirkus auftreten."

„Ja, absolut", gab Fiona ihr Recht, und dann machten wir uns im gemächlichen Schritt nach Hause auf.

Auf dem Rückweg hatten wir richtig viel Spaß. Fiona erzählte von Turnieren, an denen sie mit Jack teilgenommen hatte, und ich konnte auch das ein oder andere Abenteuer von mir und Fandango zum Besten geben.

Aber das Tollste kam noch: Zu Hause fragte mich Fiona, ob ich Jack die restliche Zeit, die ich noch hier war, reiten wolle.

„Ist das dein Ernst?", fragte ich sie überglücklich. „Das wäre ja fantastisch!"

Fiona nickte. „Ja, ich hab ja vorhin gesehen, wie toll du mit ihm fertig wirst. Weißt du, es gibt nicht viele, die es schaffen, von Jack nicht abgeworfen zu werden. Noch dazu ohne Sattel."

„Na ja", wehrte ich verlegen ab und wurde rot über das Lob.

„Gut", sagte Fiona und lächelte.

„Habt ihr Lust, morgen mit dem Club einen Ausritt zu machen?", wollte Fanny wissen. Fiona sah sie an und nickte.

„Ja, natürlich. Das hatte ich sowieso vor."

„Super!", freute sich Fanny und dann waren wir ziemlich lange Zeit damit beschäftigt, Pläne für den nächsten Tag zu schmieden. Genauer gesagt: Die anderen planten. Ich holte mir eine Dose Sattelseife und einen Schwamm aus der Sattelkammer und machte mich daran, Jacks alten, abgewetzten Sattel zu putzen. Er war schon seit ewigen Zeiten nicht mehr benutzt worden und war voller Schimmel und Staub. Eines war mir klar: Auf einem Ausritt mit anderen Pferden würde ich dieses ausgelassene Pony unter keinen Umständen ohne Sattel reiten. Nie im Leben!

Als ich so auf der Bank vor dem Stall saß und putzte, schoss mir plötzlich durch den Kopf, dass ich seit Stunden nicht mehr an Mike gedacht hatte. Ich spürte erneut, wie sich Unruhe in meinem Magen breit machte, und während ich den Schwamm mit der Lederseife über das trockene Leder des Sattels gleiten ließ, waren meine Gedanken mit einem Mal an einem ganz anderen Ort als ich selbst.

Kapitel 7

Am Mittwochmorgen war ich immer noch deprimiert und zudem schlecht gelaunt, aber ich riss mich zusammen. Fanny sollte nichts merken. Ich wollte uns die wenigen Tage, die uns noch blieben, nicht vermiesen. Ich würde noch früh genug nach Hause kommen und die Wahrheit über Mike und Susi erfahren. Wenn es da überhaupt etwas zu erfahren gab, versuchte ich mich zu beruhigen. Vergeblich!

Eine Weile später ging ich ins Internet und klickte meine Mailbox an. Ich hatte eine E-Mail bekommen, aber zu meiner großen Enttäuschung war sie „nur" von Mama. Eigentlich freute ich mich darüber, aber irgendwie war ich dennoch enttäuscht. Mama schrieb, dass zu Hause alles wie immer war. Es war warm und am Abend zuvor war ein starkes Gewitter niedergegangen. Ich bekam eine Gänsehaut. Gewitter waren für mich das Schlimmste, was ich mir vorstellen konnte.

Ich schrieb Mama schnell eine Antwort, schaltete dann den Computer aus und ging ins Wohnzimmer hinunter. Fanny saß zusammengekauert auf der Couch und las in einer Zeitschrift.

„Na, was ist? Hast du eine Mail bekommen?", wollte sie wissen.

Ich schüttelte missmutig den Kopf. „Nein, und heute ist Mittwoch. Jetzt habe ich seit Samstag keine Mail mehr von ihm bekommen, obwohl er mir versprochen hatte, jeden zweiten Tag zu schreiben."

„Vielleicht ist sein Computer abgestürzt oder so was. Hast du schon mal daran gedacht?", versuchte sie mich zu trösten. „Vielleicht solltest du bei ihm zu Hause anrufen und mit ihm reden um zu klären, was wirklich los ist."

„Nie im Leben!", lehnte ich trotzig ab. „Wenn er was will, soll er mich gefälligst anrufen. Ich lauf ihm doch nicht nach!"

Ich ließ mich neben Fanny auf die Couch plumpsen, griff nach der Fernbedienung auf dem Tisch und schaltete den Fernseher ein. Es kam irgendeine Herz-Schmerz-Serie, von der wir uns tags zuvor schon eine Folge angesehen hatten.

„Und, was machen wir heute?", fragte ich Fanny. Sie zuckte mit den Schultern.

„Ich weiß nicht. Der Ausritt ist ja erst am Abend."

„Auf alle Fälle sitzt ihr nicht noch einmal einen Tag vor dem Kasten da", ertönte Cathys Stimme aus der Küche. „Das kommt nicht in die Tüte. Wenn ihr zu Hause bleibt, gibt's auch noch was anderes als nur in die Glotze zu starren. Ihr könntet zum Beispiel die Blumenbeete im Garten jäten."

„Ich glaub, ich hör nicht recht, Mama", empörte sich Fanny. „Das sind deine Blumenbeete, und ich hasse Unkraut jäten. Das weißt du ganz genau. Und Sara ist unser Gast. Es geht ja wohl nicht an, dass ..."

„Ja ja, krieg dich wieder ein! Das war doch nur Spaß", beruhigte Cathy sie und steckte den Kopf ins Wohnzimmer. Sie grinste. „Papa hat mein Auto repariert und ich dachte, ich fahre euch zum Strand. Am Nachmittag hole ich euch wieder. Also, beeilt euch und packt eure Sachen zusammen! Dann können wir losfahren."

„Hurra!", riefen Fanny und ich wie aus einem Mund und liefen die Treppe hoch um unsere Badeanzüge, Handtücher und die Sonnencreme zu holen.

Wir waren fast vier Stunden am Strand und es war einfach toll.

Die Sonne schien von einem leuchtend blauen Himmel herab, der Sand war weiß und weich, das Wasser herrlich warm und wir bräunten uns, badeten, lagen da und redeten – und aßen natürlich Eis. Es hätte ein perfekter Tag werden können, wenn meine Gedanken nicht immer wieder zu Mike gewandert wären und ich mir nicht unentwegt die Frage gestellt hätte, warum er nicht schrieb.

Um vier Uhr nachmittags fuhren wir mit den Fahrrädern zum Stall. Ich hatte das Gefühl, als ob tausende von Schmetterlingen in meinem Magen umherflatterten. Es würde sicher ganz toll werden, dachte ich mir. Aber was, wenn ich mich blamieren würde? Das wäre entsetzlich peinlich.

„Ach was!", wehrte Fanny ab, als ich ihr meine geheimen Ängste gestand, vor den Augen aller vielleicht vom Pferd zu fallen. „Diese Wanderritte machen immer super viel Spaß. Da nehmen die verschiedensten Reiter und Pferde teil und es gibt keinen wilden Galopp oder so was."

„Hm", antwortete ich nur und im gleichen Moment fuhren wir auch schon auf den kleinen Hofplatz vor dem Stall.

Fiona stand in der Stallgasse und putzte Winny. Ich holte mir eine Bürste und ging zu Jack in die Box. Fanny kümmerte sich um Shamira. Jack merkte sofort, dass da irgendetwas Spannendes in der Luft lag, denn er lief die ganze Zeit wie aufgescheucht in der Box hin und her. Zum Schluss musste ich ihn in die Stallgasse führen und anbinden um ihn putzen zu können.

Kurz darauf saßen wir alle drei auf. Fiona und Fanny hatten Satteltaschen mit Essen dabei, ich hatte eine Decke mit Riemen hinter dem Sattel befestigt. Auch wenn der nun wesentlich besser aussah, nachdem ich ihn so mühsam aufpoliert hatte, so war er dennoch schrecklich unbequem und viel zu hart und flach im Sitz. Ich ahnte bereits jetzt, dass ich mir eine Menge blauer Flecken davon holen würde und mich im schlimmsten Fall sogar daran wund scheuern würde.

Vor dem Reitclub hatten sich bereits um die zwanzig Reiter mit ihren Pferden in einer Reihe aufgestellt. Ich sah mich um. Fanny hatte Recht gehabt, es war wirklich eine bunte Schar. Eine grauhaarige Dame auf einem fuchsfarbenen Jagdpferd war die älteste, aber auch eleganteste Teilnehmerin. Sie trug eine helle Reithose, ein Tweedjackett und einen Hut und sah wie eine typische englische Reiterin aus.

Die Jüngsten waren zwei kleine Mädchen auf ihren braun gescheckten Shetland-Ponys. Es waren Zwillinge und sie trugen die gleichen rosa T-Shirts, Reithosen und -stiefel.

Wir fügten uns in die Reihe ein und Fanny und Fiona grüßten alle, die sie kannten. Ich selbst fühlte mich verunsichert und wusste nicht, was ich sagen sollte. Die meisten nickten und grüßten mich mit „Hi!“ Ich tat das Gleiche. Aber als ein Mädchen mit mir zu reden begann, wurde ich so nervös, dass ich nicht verstand, was sie sagte. Fanny übersetzte mir, dass sie wissen wollte, woher ich kam.

„Schweden ... eh ... I mean Sweden“, erklärte ich und das Mädchen nickte erfreut.

„Malin Baryard?“, sagte sie. Ich nickte. Malin Baryard war eine erfolgreiche schwedische Springreiterin. Und dann lächelten wir uns in gegenseitigem Einverständnis an.

Es war Zeit aufzubrechen und der lange Zug von Pferden und Reitern setzte sich langsam in Bewegung. An der Spitze ritt eine große, blonde, etwa 35 Jahre alte Frau. Ihr gehörten die Reitschule und alle Pferde. Sie hieß Grace und Fanny behauptete, sie habe ein Herz aus Gold, auch wenn sie manchmal ziemlich schroff und resolut sein konnte.

Ihr folgten die Schüler auf den Reitschulpferden und dann kamen die Privatpferde. Das Schlusslicht bildeten die beiden Mädchen auf ihren gescheckten Shetland-Ponys zusammen mir ihrer Mutter. Die ritt einen irischen Tinker. Er hatte einen großen, schweren Kopf, einen fülligen Kötenbehang und war ein braunweißer Schecke, genau wie die Shetland-Ponys der Zwillinge.

Wir schwenkten auf einen weichen Kiesweg ein und ließen die Pferde traben. Fiona ritt vor mir auf Winny. Die Stute hatte sich bis dahin ganz ruhig verhalten, aber nun begann sie unruhig zu werden. Sie tänzelte, lief seitwärts, bewegte den Kopf hin und her und peitschte mit dem Schweif. Ich merkte, dass Fiona vollauf damit beschäftigt war, sie im Zaum zu halten. Als wir kurz darauf die Pferde zum Schritt durchpariert hatten, sah ich, dass Fiona völlig durchgeschwitzt und rot im Gesicht war. Sie hielt Winnys Zügel immer noch ganz kurz.

Ich strich Jack über den Hals. Er war herrlich zu reiten. Er kaute auf dem Gebiss, und ich spürte, dass er am liebsten an allen vorbeigelaufen wäre um der Erste zu sein. Trotzdem folgte er brav dem Druck meines Zügels und machte das, was ich ihm befahl.

Ich sah mich nach Fanny und Shamira um.

Shamira benahm sich vorbildlich und Fanny wirkte völlig entspannt, wie sie da so im Sattel saß.

Der Kiesweg ging allmählich in einen grasbewachsenen Pfad über und bald kamen wir zu einer großen Ebene. Das war eine Heide mit sanft ansteigenden Hügeln, die mit Gras und einer Unmenge von verschiedenen Blumen bewachsen waren. Vereinzelt gab es kleine Haine mit Eichenbäumen und Büschen. Es war traumhaft schön.

„Galopp!“, hörte ich von den Reitern weiter vorn und nahm Jacks Zügel kürzer.

Er wusste genau, was jetzt von ihm erwartet wurde. Als Winny vor uns in einen leichten Galopp fiel, brauchte ich die Zügel nur ein wenig nachgeben und in den leichten Sitz überwechseln. Hinter mir kamen Fanny und Shamira und ich hörte, wie die Fuchsstute vor Freude schnaubte.

Wie wir so dahingaloppierten, zog sich die Gruppe der Reiter mit der Zeit immer weiter auseinander.

Die Reitschüler mit Grace an der Spitze bildeten eine Gruppe, dann kamen wir anderen in unserem eigenen Tempo. Ich beobachtete Winny, die mit Fiona vor mir ritt. Die Stute galoppierte mit kurzen, nervösen Schritten, manchmal ging sie quer und dann wieder sah es aus, als ob sie jeden Moment zum Sprung ansetzen und durchgehen wollte. Ich fragte mich besorgt, wie lange Fiona sie wohl noch im Zaum halten konnte. Sie kämpfte mit den Zügeln und ich hörte, dass sie die ganze Zeit mit Winny sprach und sie zu beruhigen versuchte. Zum Glück mussten wir gleich darauf zum Schritt durchparieren und ich schloss zu Fiona auf. Sie verdrehte die Augen und sagte etwas, was ich jedoch akustisch nicht genau verstand. Ich vermute, es war etwas in der Richtung: „Wie schön, dass es endlich vorbei ist." Sie lockerte die Zügel und Winny streckte befreit den Kopf nach vorn. Dann begann sie im Schritt neben Jack zu gehen. Vielleicht würde sie jetzt ruhiger sein, nachdem sie sich etwas ausgetobt hatte. Ich hoffte es für Fionas.

„Was für ein toller Galopp!", rief Fanny begeistert, die uns in diesem Moment eingeholt hatte. Sie beugte sich vor und strich Shamira über den schweißnassen Hals. „Was meinst du, Sara?"

„Ja", stimmte ich ihr zu.

Fiona sagte kein Wort. Sie starrte verbissen vor sich hin und schwieg.

Nach einer guten Dreiviertelstunde erreichten wir unseren Rastplatz. Er lag an einem kleinen Bach. Die Eltern einiger Reitschüler waren vorab mit dem Auto dorthin gefahren und warteten mit großen Kannen Zitronentee auf uns. (Ich frage mich, ob Engländer auch noch was anderes außer Zitronentee trinken.) Außerdem hatten sie ein kleines Feuer in einer gemauerten Feuerstelle angezündet.

Wir stiegen ab und lockerten die Sattelgurte. Leider gab es nichts, wo wir die Pferde hätten anbinden können. Dann breitete ich die Decke auf dem Boden aus und wir versuchten, darauf zu sitzen und gleichzeitig die Pferde zu halten. Es funktionierte bestens, abgesehen davon, dass Jack es schaffte, so auf seine Zügel zu treten, dass er sich dabei fast die Trense vom Kopf zog.

Fannys Vater hatte uns ein leckeres Lunchpaket zusammengestellt, und wir aßen so viel, dass wir fast platzten. Zumindest galt das für Fanny und mich. Fiona saß die meiste Zeit da und starrte schweigend vor sich hin. Als wir nach einer Weile unsere Sachen wieder zusammenpackten, sah ich, dass sie nichts von dem gegessen hatte, was sie sich mitgebracht hatte. Grace ging mit ihrem Pferd, einem großen, dunkelbraunen Vollblutwallach, umher. Sie wechselte mit jedem kurz ein paar Worte und nach einer Weile kam sie auch zu uns. Fanny erklärte ihr, dass ich aus Schweden käme, und dann schaffte ich es doch tatsächlich, ein paar Antworten auf ihre Fragen herauszuquetschen. Grace wollte wissen, wie meine Pferde zu Hause hießen, welche Rasse sie waren und ob ich an Turnieren teilnahm. Plötzlich ging es mit dem Sprechen viel besser und ich konnte Mama nur Recht geben: Das hier war die beste Methode, Englisch zu lernen. Und man musste sich dabei noch nicht einmal besonders anstrengen. Es begann mir richtig Spaß zu machen, mich in einer fremden Sprache auszudrücken.

Schließlich war es Zeit, wieder nach Hause zu reiten. Wir nahmen einen anderen Weg. Zuerst ging es ein langes Stück auf einer asphaltierten Landstraße dahin. Dann bogen wir auf einen kleinen, schmalen Pfad zwischen einem Zaun und hohen Hecken ein. Auf den Wiesen rechts und links weidete Vieh. Die Pferde schienen daran gewöhnt zu sein und kümmerten sich nicht weiter darum.

Auf Graces Kommando hin begannen die Pferde vor uns zu traben. Jack schloss sich ihnen sofort an und ich nahm schnell die Zügel auf. Er wusste, dass es jetzt heimwärts ging, und lag hart auf dem Gebiss. Aber ich hatte keine Probleme, mit ihm klarzukommen.

Hinter mir hörte ich Winny heftig schnauben. Sie kaute auf dem Gebiss, dass es klirrte, und ich sah aus den Augenwinkeln heraus, dass sie nervös den Kopf hin und her bewegte.

Plötzlich scheute Jack vor etwas am Wegrand und sprang ein paar Schritte zur Seite. Ich konnte mich im Sattel halten, aber hinter uns nahm Winny die Gelegenheit wahr, sich loszureißen. Als die Stute den Kopf zur Seite warf, glitten die vom Schweiß nassen Zügel Fiona aus den Händen. Winny drängte sich auf dem Pfad an uns vorbei und holte mit wenigen Galoppsprüngen das Pferd vor uns ein. Das erschrak und schlug so wütend nach hinten aus, dass es um Haar seine Reiterin abgeworfen hätte – die elegant gekleidete, grauhaarige Dame. Daraufhin blieb Winny so abrupt stehen, dass Fiona nach vorne geworfen wurde. Sie konnte von Glück sagen, dass sie nicht aus dem Sattel geflogen war.

Die alte Dame drehte sich um und warf Fiona einen vernichtenden Blick zu. Dann sagte sie etwas in äußerst scharfem Ton, worauf Fiona in sich zusammensank und nur noch „Es tut mir sehr Leid“ murmelte.

Ich dagegen wurde richtig wütend. Diese alte Schachtel hatte doch nicht die geringste Ahnung, wie Fiona sich den ganzen Ausritt über mit Winny abplagen musste. Fiona konnte nichts dafür, dass es der Stute gelungen war, das Pferd vor sich einzuholen. Es war meine Schuld. Ich hätte nicht zulassen dürfen, dass Jack zur Seite ging und Winny somit an ihm vorbeikommen konnte.

Zum Glück hatte Winny endlich kapiert, dass es doch besser war, sich ordentlich zu benehmen und trabte den Rest des Weges ruhig und gelassen hinter Jack her.

Wir erreichten die Reitschule und versammelten uns auf dem Hofplatz. Die Reitschüler saßen ab und wir anderen machten uns für den Heimweg bereit. Auf einige Pferde wartete der Transporter, und ihre Besitzer begannen damit, den Pferden die Sättel abzunehmen, sie mit Decken zu versorgen und ihnen Transportgamaschen anzulegen.

Plötzlich kam die Grauhaarige auf Fiona, Fanny und mich zu. Sie hatte Grace bei sich und blickte nicht gerade freundlich drein.

„Was ist passiert?“, wollte Grace von Fiona wissen. Sie sprach in ruhigem Ton. Fiona spielte verlegen mit den Zügeln.

„Jack ist zur Seite gesprungen, und da hat sich Winny mit mir davongemacht. Aber ich hab sie gleich wieder unter Kontrolle bekommen“, erklärte Fiona leise.

„Du solltest mit diesem Pferd keine Ausritte machen“, empfahl ihr die Alte patzig und sah Fiona strafend an. Die wurde puterrot und sah betreten aus.

„Aber ... das letzte Mal war sie ganz brav“, versuchte sie ihre Stute zu verteidigen. Die Grauhaarige schnaubte nur verächtlich, kniff den Mund zusammen und sah noch missmutiger drein.

„Ich halte Fiona für so gut, dass sie mit Winny klarkommt“ warf ich plötzlich ein, weil ich das Gefühl hatte, etwas sagen zu müssen. „Winny ist nicht leicht zu reiten.“

Grace und die Alte starrten mich an. Die Alte sah aus, als ob sie eine tote Ratte gesehen hätte. Grace schien das Ganze ein wenig zu amüsieren.

„Was willst du damit sagen?“, fragte mich die Grauhaarige voller Arroganz und plötzlich merkte ich, dass es auf dem Hof vollkommen still geworden war.

Ich holte Luft und hoffte, dass mein Englisch ausreichen würde für das, was ich ihr erklären wollte:

„Fiona hat den ganzen Ausritt über mit Winny zu kämpfen gehabt. Ich war daran schuld, dass die Stute an Jack vorbeilaufen konnte. Das war ein Fehler. Jeder kann mal einen Fehler machen“, erklärte ich dieser abgehobenen Alten und hoffte inständig, dass sie und Grace verstanden hatten, was ich meinte.

„Wer glaubst du eigentlich, wer du bist?“, schnaubte die alte Schachtel wütend und starrte mich mit ihren stahlharten Augen an. „Das ist doch wohl die Höhe!“

„Schon gut!“, meinte Grace beruhigend. „Fiona, sieh zu, dass das nicht noch einmal vorkommt! Schnall ein Martingal ein, damit sie den Kopf nicht so stark bewegen kann. Sie könnte dich verletzen.“

Fiona nickte. „Ja, das werde ich versuchen“, versprach sie

leise. „Und ich bitte vielmals um Entschuldigung. Das wollte ich nicht."

Die Grauhaarige schwieg. Es sah nicht so aus, als ob sie Fionas Entschuldigung akzeptierte. Stattdessen drehte sie sich auf dem Absatz um und rauschte wortlos mit hoch erhobenem Kopf davon. Grace zwinkerte uns lächelnd zu. Dann ging auch sie ihres Weges. Wir trieben unsere Pferde an und verließen in langsamem Schritt den Hof um nach Hause zu reiten.

„Mensch, sag mal, hast du noch alle Tassen im Schrank?", rief Fanny, als wir außer Hörweite gekommen waren. „Weißt du eigentlich, wer das war?"

„Nein", antwortete ich.

„Sie ist zwar nicht adelig, aber steinreich. Ihrem Vater gehört die halbe Grafschaft. Sie ist mit einem sehr netten Mann verheiratet, aber sie selbst ist so ein richtiger Kotzbrocken. Sie ist weit und breit bekannt für ihre unfreundliche Art."

Fiona nickte. Dann lächelte sie mich an, und ich sah, wie müde sie war. „Danke, dass du mich verteidigt hast", sagte sie leise. „Das war wirklich nett von dir. Aber es war meine Schuld. Ich hätte lieber zu Hause bleiben sollen."

„Jetzt hör aber auf!", rief ich entrüstet. „Das hätte jedem passieren können, der ein so lebhaftes Pferd hat."

Den Rest des Weges herrschte Schweigen und wir ließen die Pferde im Schritt am langen Zügel gehen. Fiona schien tief in Gedanken versunken zu sein, Fanny summte leise eine Melodie vor sich hin, und ich hatte plötzlich etwas ganz anderes im Kopf:

Wir hatten nicht mehr weit nach Hause, da begegneten wir einem weißen Mietwagen. Er fuhr ganz langsam die Straße entlang und im Wagen saß diese Frau aus dem Flugzeug.

„Hast du gesehen?", rief ich Fanny auf Schwedisch zu. Sie sah erstaunt dem Auto nach. „Das war sie wieder."

„Was? Sie? Bist du sicher?"

„Was meint ihr?", fragte Fiona und zuckte mit den Schultern.

„Nichts, außer dass Sara andauernd ihre Nachbarin aus dem Flugzeug wiedersieht“, spöttelte Fanny und lächelte.

„Was?“, fragte Fiona. „Was meinst du mit ‚ihre Nachbarin aus dem Flugzeug‘?“

„Ach, vergesst es einfach!“, wehrte ich ab. „Das war sicher jemand anderes.“

Wir waren am Stall angekommen und keiner verlor mehr ein Wort über die Frau im Auto. Aber ich konnte mir nicht helfen: Es beunruhigte mich irgendwie, dass ich sie schon wieder gesehen hatte. Warum tauchte sie ständig da auf, wo wir waren?

Zugegeben, Fanny und ihre Eltern lebten nun mal nicht in einer Großstadt, aber ... Verfolgte sie mich? Irgendwie hatte ich das Gefühl. Andererseits hielt ich den Gedanken für total verrückt. Wer sollte ein Interesse daran haben, mich zu verfolgen? Keiner! Nein, das war wohl reiner Zufall, dass wir uns bis jetzt jeden zweiten Tag über den Weg gelaufen waren. Auf alle Fälle war es ein merkwürdiger Zufall! Fiona kümmerte sich um Winny, brachte sie anschließend auf die Weide hinaus und ging dann ins Haus. Fanny und ich blieben noch ein wenig im Stall und erledigten noch das ein oder andere. Es war ein wundervoller, warmer Sommerabend und bevor wir nach Hause fuhren, setzten wir uns noch kurz auf die kleine Bank neben der Stalltür. Wir aßen die restlichen Sachen auf, die wir mitgenommen hatten, und unterhielten uns über den herrlichen Ausritt.

Fanny war gerade in die Sattelkammer gegangen um sich ihren Pullover zu holen, da tauchte das weiße Auto, das ich vorher gesehen hatte, schon wieder auf! Es blieb ein gutes Stück von uns entfernt beim Briefkasten vor dem Haus stehen und die Frau aus dem Flugzeug stieg aus. Jetzt sah ich, dass es definitiv sie war: Ich erkannte sogar die Bluse wieder, die sie im Flugzeug getragen hatte.

Die Frau sah sich um, so als ob sie sich vergewissern wollte, von niemandem beobachtet zu werden. Dann schob sie schnell ein dickes, braunes Kuvert in den Briefkasten. Gleich darauf sprang sie wieder ins Auto und fuhr eilig davon.

Fanny kam mit ihrem Pullover in der Hand auf mich zu und sah mich erstaunt an.

„Sara, was ist los mit dir? Du siehst ja aus, als hättest du ein Gespenst gesehen."

„Sie war es schon wieder", stieß ich hervor. „Die Frau aus dem Flugzeug. Und sie hat ein Kuvert in den Briefkasten gesteckt."

Kapitel 8

Am Donnerstag war es draußen genauso warm wie tags zuvor. Schon vor dem Frühstück sah ich nach, ob ich eine Mail bekommen hatte. Aber der Posteingang gähnte mir leer entgegen. Es war nicht die kleinste Zeile von Mike gekommen. Ich saß eine ganze Weile da und starrte fassungslos auf den Bildschirm. Dann beschloss ich zu fragen, ob ich nach Hause telefonieren dürfte.

Fannys Vater war noch nicht ins Büro gefahren und erlaubte es mir anstandslos. Ich setzte mich aufs Bett und wählte die Nummer, während Fanny in ihrem Kleiderschrank nach etwas Hübschem für mich suchte. Wir hatten nämlich beschlossen, am Abend wegzugehen, und ich hatte nichts Richtiges zum Anziehen – zumindest fand das Fanny. Sie ist schrecklich modebewusst. Merkwürdigerweise ging zu Hause niemand ans Telefon. Ich versuchte es sicherheitshalber noch einmal, aber auch diesmal hob niemand den Hörer ab.

„Vielleicht sind sie irgendwo draußen beschäftigt", suchte Fanny nach einer Erklärung. „Übrigens, Papa hat sich bereit erklärt, uns mit dem Auto zum Badestrand mitzunehmen."

„Oh, super", sagte ich.

„Hast du Mike schon angerufen?", wollte Fanny wissen und ich schüttelte den Kopf.

„Dann tu's!", forderte sie mich auf. „Ich geh runter und frühstücke in der Zwischenzeit. Dann kannst du in aller Ruhe mit ihm reden."

Sie ging und ich schluckte. Mein Mund war trocken und mein Herz schlug wie verrückt. Aber dann atmete ich tief durch und wählte Mikes Nummer. Ich kannte sie so gut, dass meine Finger sie fast automatisch wählten. Nachdem es ein paar Mal geläutet hatte, hörte ich, wie Mike endlich den Hörer abnahm und sich meldete: „Hallo! Hier ist Mike."

„Hi!", piepste ich mit belegter Stimme. „Ich bin's ... Sara."

„Hi!", sagte Mike. Aber irgendwie hörte ich ihm an, dass er nicht besonders erfreut klang, sondern mehr so, als ob ... als ob ihm der Anruf völlig ungelegen käme und ich zu einem total unpassenden Zeitpunkt angerufen hatte.

„Ich wollte nur was von mir hören lassen und sagen, dass alles in Ordnung ist", sagte ich und schluckte.

„Wie schön", meinte er. „Macht's dir Spaß?"

„Ja, sehr", antwortete ich. „Warum hast du nicht geschrieben?"

„Ich hatte einfach keine Zeit", erwiderte er. „Es gab in dieser Woche so irre viel zu tun. Und du weißt ja, ich bin nicht so gut im Briefe schreiben."

„Ja schon, aber ...", setzte ich an, schwieg dann jedoch. Es war ein betretenes Schweigen und ich spürte, dass es alles bedeuten konnte.

„Hör mal, ich muss jetzt Schluss machen! Ich bin auf dem Sprung. Bis bald."

Ich hörte ein Auto im Hintergrund hupen und spürte, wie mein Herz schneller zu schlagen begann.

„Ja schon, aber ...", begann ich abermals, aber Mike unterbrach mich: „Susi steht draußen mit dem Auto und wartet auf mich. Ich muss jetzt fahren. Wir sehen uns. Ich umarme dich."

„Ich dich auch", flüsterte ich dem Weinen nahe und hörte, wie es in der Leitung klickte, als er auflegte.

Ich spürte, wie mir die Tränen kamen. Schnell holte ich

ganz tief Luft. Meine schlimmsten Befürchtungen hatten sich bewahrheitet und im nächsten Moment konnte ich meine Tränen nicht mehr zurückhalten. Ich stellte das Telefon auf den kleinen Tisch neben dem Fernseher zurück, lief die Treppe hinunter und ging in die Toilette in der Zwischenetage. Nachdem ich die Tür verschlossen hatte, ließ ich meinen Tränen freien Lauf. Kurz darauf kam Fanny die Treppe hochgestapft und klopfte an die Tür.

„Sara, bist du da drin? Was ist, bist du fertig?“, rief sie aufgekratzt und ich schluckte.

„Ja ... ich komme“, erwiderte ich leise und Fanny hörte natürlich sofort, dass mit mir etwas nicht stimmte.

„Was hat er gesagt? Bist du traurig?“, fragte sie mich durch die Toilettentür hindurch, aber ich wollte jetzt einfach nicht mit ihr darüber sprechen und bat sie, schon mal hinunterzugehen. Kurz darauf hatte ich mich wieder einigermaßen gefangen. Ich putzte mir fest die Nase und wusch mir das Gesicht mit kaltem Wasser.

Da hörte ich Fanny wieder die Treppe heraufkommen.

„Papa würde uns jetzt zum Strand bringen. Können wir fahren?“, fragte sie freundlich vor der Tür. „Er müsste aber in den nächsten fünf Minuten losfahren, weil er um zehn Uhr eine geschäftliche Besprechung hat.“

Ich putzte mir noch einmal die Nase, holte tief Luft und öffnete die Tür. Fanny sah mich besorgt an und umarmte mich dann.

„Was ist los?“, wollte sie wissen. Aber ich schüttelte den Kopf.

„Das erzähle ich dir später“, erklärte ich ihr. „Komm, wir fahren zum Baden!“

Wir lagen einige Stunden am Strand und redeten und redeten. Danach fühlte ich mich wieder ein wenig besser. Es ist so unglaublich schön, eine richtig gute Freundin zu haben, mit der man Freud und Leid teilen kann. Als ihre Mutter uns am frühen Nachmittag abholte, war zumindest meine riesengroße Traurigkeit verflogen.

Nachdem wir zu Hause einen leckeren, knackigen Salat gegessen hatten, fuhren wir mit den Fahrrädern zum Stall hinaus, sattelten die Pferde und machten einen langen Ausritt in die Heide hinaus.

Es war immer noch warm, aber es ging ein laues Lüftchen. Wir ritten die kleinen Hügel hinauf und hinunter, galoppierten die sandigen Wege entlang und aßen von den Himbeeren, die in einem großflächigen Gebüsch an verschiedenen Stellen wuchsen. Der Ausritt war wundervoll und genau das, was ich im Moment brauchte.

Am Abend wollten Fanny und ich ausgehen. Ihre Eltern waren nicht zu Hause. Sie trafen sich mit Bürokollegen ihres Vaters im Pub. Cathy hatte uns noch etwas zu Essen gemacht, bevor die beiden losgefahren waren, aber Fanny und ich wollten auswärts essen.

„Wohin gehen wir eigentlich?“, wollte ich wissen. „Ist das eine Disko oder ein Café oder ...“

„Es gibt ein richtig gemütliches kleines Café im Zentrum“, erklärte Fanny und hielt ein Top hoch, das sie mir leihen wollte.

„Ich bin mit Fiona ein paar Mal dort gewesen“, fuhr sie fort. „Danach könnten wir vielleicht noch in eine Disko gehen. Ich kenne sie zwar nicht, aber Fiona findet sie super.“

„Okay“, sagte ich und nickte.

Fanny war zufrieden mit den Klamotten, die sie für mich ausgesucht hatte.

„Was hältst du davon?“, fragte sie mich und hielt so eine eng sitzende Jeans hoch, dazu ein schwarzes Top mit einem Strassherzen darauf.

Ich nickte skeptisch und probierte die Sachen aus. Das Top war kein Problem, es passte wie angegossen. Aber mit der Hose ging es nicht so einfach. Sie war in der Taille viel zu eng, und Fanny, die schlank wie ein Fotomodell ist, grinste mich unverhohlen an.

„Hör auf zu lachen und such mir was anderes heraus!“, fuhr ich sie genervt an und schälte mich aus der Jeans. „Sonst ziehe ich meine Shorts an.“

„Nein, warte! Ich habe einen hübschen Rock“, sagte sie und holte einen rosafarbenen, kurzen Rock aus dem Schrank.

„Niemals im Leben!“, stieß ich hervor. „Nicht so was! Da bleibe ich lieber zu Hause oder binde mir ein Handtuch um die Hüften und gehe damit auf die Straße.“

„Und was ist mit dem da?“, fragte Fanny und hielt einen blumigen Rock mit einem Volant hoch. So etwas hatte ich mit drei Jahren im Kindergarten getragen. Mag sein, dass es supermodern war, aber ...

„Vergiss es!“, murrte ich. „Hast du keine normalen Klamotten?“

„Warte! Ich hab eine Idee“, rief Fanny. „Du kannst dir Mamas Jeansrock ausleihen. Sie hat sich gerade einen neuen gekauft.“

„Hm“, machte ich skeptisch. „Bist du sicher, dass das okay ist?“

„Natürlich“, wischte Fanny meine Bedenken weg. „Das ist bestimmt kein Problem. Mama und ich leihen uns auch gegenseitig ab und zu Sachen aus.“

Sie ging ins Schlafzimmer ihrer Eltern und holte den Rock und ein Paar hübsche Schuhe. Ich probierte ihn an. Er saß perfekt. Fanny zog sich die Schuhe an.

Dann spazierten wir ins Zentrum hinunter. Es war ein angenehm warmer Augustabend und überall waren Menschen draußen in ihren Gärten. Kinder spielten, fuhren mit dem Fahrrad oder Skateboard oder hüpften mit dem Springseil.

„Wenn wir Glück haben, spielt auch gute Musik in diesem Café“, erklärte Fanny, als wir uns langsam aufs Zentrum zubewegten. „Es treten verschiedene Bands auf und dann sind immer irre viele Leute da.“

Das klang äußerst verlockend. Es gab da nur ein Problem: Als wir hinkamen, hatte es geschlossen! Fanny war höchst erstaunt und rüttelte ein paar Mal am Türgriff, weil sie es nicht glauben wollte. Aber es war definitiv zu.

„Komm, wir gehen in einen Pub und essen etwas!“, schlug ich vor, weil ich inzwischen ziemlich hungrig geworden war. Fanny schüttelte den Kopf.

„Der Pub hier im Ort ist bekannt für sein schlechtes Essen und außerdem ist dort überhaupt nichts los. Aber ein paar Straßen weiter gibt es eine gute Pizzeria.“

Ich nickte. Pizza klang nicht schlecht.

Kurz darauf saßen wir an einem kleinen Tisch vor dem Lokal. Ich erinnerte mich plötzlich, dass Mike und ich einmal in einer Pizzeria gewesen waren, lange bevor mir bewusst geworden war, dass er sich in mich verliebt hatte. Das war an einem warmen Sommertag gewesen und ... Und plötzlich hatte ich das Gefühl, als ob das alles in einer anderen Zeit gespielt hätte, vor einer halben Ewigkeit. Oh, Gott!

Nein! Ich schob den Gedanken schnell beiseite. Fanny hatte zum Glück nicht mitbekommen, dass ich schon wieder kurz vorm Heulen war. Sie plauderte munter drauf los.

Um mich abzulenken, beobachtete ich das bunte Treiben auf der Straße. Es waren viele Leute unterwegs und genau gegenüber unserer Pizzeria, auf der anderen Straßenseite, lag ein kleines, sehr feines Restaurant.

Plötzlich spürte ich, wie mein Herz schneller zu schlagen begann, denn auf der anderen Straßenseite kam diese Frau – ihr wisst, wen ich meine – mit langen Schritten den Gehweg entlang. Sie konnte uns nicht sehen, denn wir saßen halb von einer hohen Pflanze verdeckt.

„Fanny! Schau mal!“, flüsterte ich und nickte in ihre Richtung.

Fanny sah sich verwirrt um. „Was? Was meinst du?“

„Da ist sie schon wieder“, flüsterte ich ihr zu. „Die aus dem Flugzeug.“

Fanny folgte meinem Blick und nun sah sie sie auch. Die Frau stand draußen vor dem kleinen, feinen Restaurant und es schien, als ob sie auf jemanden warten würde. Sie blickte unentwegt auf die Uhr und wirkte ziemlich ungeduldig. Sie war eleganter gekleidet als die vorherigen Male, als ich sie gesehen hatte: sie trug einen Leinenrock, eine hübsche Bluse, eine kurze Jacke und hochhackige Schuhe. Ihr Haar sah sehr gepflegt aus und um den Hals hatte sie eine Perlenkette, die teuer zu sein schien.

Da kam ein großes, schickes Auto angefahren. Es steuerte den etwas vom Restaurant entfernt liegenden Parkplatz an, und aus dem Wagen stieg ... Megans Vater! Er ging eilig auf die Frau aus dem Flugzeug zu. Die beiden gaben sich die Hand und verschwanden gleich darauf im Lokal. Megans Vater trug auch einen Aktenkoffer in der Hand, und die zwei sahen aus, als ob sie sich schon ihr ganzes Leben lang kennen würden.

„Das ist ja nicht zu fassen“, flüsterte Fanny aufgeregt. „Die zwei kennen sich.“

Ich nickte und spürte, wie trocken mein Mund war. Was ging da vor sich? Warum tauchte ständig diese Frau auf? Warum hatte sie das Kuvert in den Briefkasten von Fionas Vater gesteckt? Und was liefen da für Geschäfte zwischen ihr und Megans Vater? Ich verstand nichts, aber das, was ich gesehen hatte, beunruhigte mich. So viel stand fest.

Wir bekamen unsere Pizza und aßen sie in aller Ruhe. Zwischenzeitlich warfen wir immer wieder einen Blick auf das Restaurant auf der anderen Straßenseite. Aber es passierte nichts Aufregendes mehr. Weder die Frau aus dem Flugzeug noch Megans Vater kamen heraus. Schließlich begann Fanny unruhig auf die Uhr zu schauen.

„Hör mal, wenn wir noch in die Disko wollen, müssen wir jetzt los!“, sagte sie und ich nickte. Was sollten wir hier noch länger herumsitzen und zur anderen Straßenseite hinüberstarren.

Wir bezahlten und gingen in die Disko. Dort war es rappelvoll. Man durfte zwar erst ab sechzehn Jahren hinein, aber fast alle schienen so zwischen vierzehn und fünfzehn zu sein. Die Musik dröhnte furchtbar laut, es war dunkel und der Zigarettenrauch lag wie ein dicker Nebel über den Tischen. Fanny zwängte sich zur Bar vor um Getränke für uns zu besorgen. Währenddessen sah ich mich etwas um und dabei begannen mir von dem Zigarettenrauch die Augen zu tränen.

Wir hatten Glück und fanden Platz an einem kleinen Tisch. Plötzlich tauchten drei Typen auf und setzten sich zu uns, ohne zu fragen. Ich schaute sie erstaunt an, aber Fanny schien sie zu kennen und grüßte sie freundlich.

„Der eine ist der Typ aus unserer Straße", flüsterte sie auf Schwedisch und ich nickte. Fanny unterhielt sich mit den drei Jungs, aber aufgrund der lauten Musik und des Stimmengewirrs konnte ich nicht verstehen, worüber sie redeten. Ich kam mir richtig bescheuert vor, wie ich da auf diesem unbequemen, kleinen Stuhl saß, und natürlich musste ich wieder an Mike denken. Ich war sauer und traurig zugleich. Warum war er so kurz angebunden gewesen? Wohin wollte er eigentlich mit Susi fahren? Ich schluckte und starrte in mein Colaglas. Am liebsten wäre ich auf der Stelle nach Hause gegangen.

In diesem Moment forderte der am besten aussehende Typ von den dreien Fanny zum Tanzen auf und verschwand mit ihr in Richtung Tanzfläche. Der zweite machte sich zur Bar auf, sodass dem Dritten nicht viel anderes übrig blieb, als mich zu fragen, ob ich Lust zum Tanzen hätte. Ich zögerte, sagte dann aber doch Ja. Kurz darauf standen wir auf der Tanzfläche und bewegten uns im Rhythmus mit den anderen.

Es gab nur Musik aus den Charts, das heißt, es waren genau die gleichen Songs, die ich zu Hause in Schweden auch im Radio hören konnte. Ich erkannte die Songs sofort wieder, auch wenn ich keine Ahnung hatte, von welchen Gruppen sie waren.

Die Glitzerkugeln rund um die Tanzfläche funkelten, die Leute ringsumher sangen und waren ausgelassen. Als Fanny kurz zu mir rüberschaute, konnte ich sehen, wie viel Spaß es ihr machte. Ich lächelte zurück und versuchte das blöde Gefühl zu verdrängen, dass ich hier die völlig falsche Person am völlig falschen Platz war.

Warum konnte ich mich nicht dazu aufraffen, mich auch zu amüsieren und Spaß zu haben? Wenn Mike jetzt mit Susi unterwegs war und weiß Gott was mit ihr anstellte, warum sollte ich dann hier Mauerblümchen spielen und Trübsal blasen?

Dazu gab es nicht den geringsten Grund!

Ich lächelte den Typen an, mit dem ich tanzte. Er hieß Ralph oder so ähnlich und er lächelte zurück. Sein Lächeln wirkte irgendwie nett, aber er hatte viel zu große Schneidezähne und außerdem eine Menge großer, roter Pickel auf der Stirn. Zudem bewegte er sich in etwa so wie ein Kalb auf der Weide. Aber ich ließ mir nichts anmerken. Wir tanzten und tanzten und als eine etwas langsamere Nummer kam, zog mich Ralph an sich. Meine erste Reaktion war, mich dagegen zu wehren. Dann dachte ich mir jedoch: Warum eigentlich nicht?

Plötzlich murmelte er etwas in mein Ohr und dann küsste er mich an dieser Stelle. Ich empfand den Kuss als nass und eklig. Ich erstarrte und entwand mich schnell seinem Griff. Ralph sah mich höchst erstaunt an. Dann lächelte er mich mit seinen riesengroßen Schneidezähnen an und streckte wieder die Arme nach mir aus. Aber ich schüttelte nur den Kopf und ging einen Schritt zurück.

„I've got a boyfriend", bekam ich gerade noch heraus. „ I ... I really must go now!"

Ich drehte mich auf dem Absatz um und ging auf schnellstem Wege zur Damentoilette. Dort schloss ich mich in die einzige freie Kabine ein. Ich riss ein Stück Toilettenpapier ab und begann mir wie wild mein Ohr damit abzuwischen. Dann ließ ich mich auf dem Toilettendeckel nieder und stützte meinen Kopf in die Hände. Die Tränen brannten mir in den Augen, aber ich atmete ein paar Mal tief durch und schaffte es, nicht loszuheulen.

Fanny hatte mich zur Toilette gehen sehen und war mir gefolgt. Beunruhigt begann sie hektisch an alle Türen zu klopfen um mich zu finden. Ich meldete mich um ihr weiteres Suchen zu ersparen, öffnete die Tür und ließ sie in die enge Kabine zu mir herein.

„Was ist denn passiert?“, fragte Fanny voller Mitgefühl. „Du bist ja völlig durch den Wind.“

„Pfui Teufel, er hat mich dahin geküsst“, sagte ich und zeigte auf das Ohr. „Das ist ja eklig.“

Fanny begann zu grinsen. „Du machst Witze!“

„Nein, tu ich nicht“, fuhr ich sie barsch an und schaute wütend drein. „Und das alles ist überhaupt nicht lustig.“

Fanny begriff, dass ich es ernst meinte und hörte sofort auf zu grinsen.

„Er kann doch nicht wissen, dass du mit Mike zusammen bist“, meinte sie in beruhigendem Ton und legte die Hand auf meinen Arm.

„Wenn ich das überhaupt noch bin“, motzte ich sauer. „Er macht sicher Schluss mit mir, wenn ich nach Hause komme.“

Fanny seufzte. „Jetzt mach dich doch nicht verrückt, Sara!“, sagte sie. „Ich bin sicher, dass er auch weiter mit dir zusammensein will. Jungs können nun halt mal auch Mädchen als Kumpels haben, und ich glaube, Susi ist sein Mädchenkumpel.“

Ich nickte zögernd. Und noch einmal. Dann warf ich das Papierstück in den Papierkorb und stand auf.

„Komm, lass uns gehen!“, forderte ich sie auf.

„Okay. Willst du nach Hause?“, fragte Fanny.

„Nö“, antwortete ich. „Wir können ruhig noch ein bisschen dableiben.“

Ich hatte aus Fannys Stimme deutlich herausgehört, dass sie das gerne wollte. Eine Weile später war es uns gelungen, zwei Plätze an einem anderen Tisch zu ergattern. Der Typ, mit dem Fanny vorher getanzt hatte, fand uns wieder und verschwand mit ihr auf der Tanzfläche. Ich hielt Ausschau nach Ralph um mich schnell davonzuschleichen, falls er wieder auf die Idee kommen sollte, mit mir tanzen zu wollen. Aber er ließ sich zum Glück nicht mehr blicken.

Später, als wir nach Hause gingen, sah ich ihn, wie er sich mit einem großen, blassen Mädchen mit Brille unterhielt. Ich glaube nicht, dass er mich gesehen hat.

Wir schlenderten gemütlich durch die dunkle Augustnacht. Ich hatte mir die Fersen an den Schuhen wund gerieben. Deshalb zog ich sie aus und ging barfuß. Die Luft war lau, es duftete nach Sommernacht, und Fanny und ich spazierten dahin und plauderten miteinander wie in alten Zeiten.

Fanny schäumte fast über vor Freude, weil Ted, so hieß der Nachbarjunge, sie gefragt hatte, ob sie in der kommenden Woche mit ihm ins Kino gehen wolle. Fanny hatte ihm gesagt, dass sie sich das bis morgen überlegen müsse, aber sie hatte sich schon längst entschieden, mit Ja zu antworten. Ich konnte verstehen, dass sie verliebt in ihn war, und ich gönnte es ihr von ganzem Herzen.

Wir waren fast bei Fanny zu Hause, da hörte ich plötzlich einen merkwürdigen Schrei durch die Dunkelheit hallen.

An der einen Straßenseite lagen Reihenhäuser aus rotem Ziegelstein, genau im gleichen Stil wie das, in dem Fanny mit ihren Eltern wohnte, und auf der anderen Seite der Straße begann die Heide, in die wir an diesem Tag hinausgeritten waren.

Zuerst glaubte ich, ich hätte mir den Schrei nur eingebildet, aber dann hörte ich ihn wieder. Ich blieb stehen, um besser hören zu können.

Fanny sah mich erstaunt an. Sie schien nichts gehört zu haben. Als sie ansetzte um etwas zu sagen, legte ich schnell den Finger auf den Mund.

„Hilfe! Hilfe! Hiiilfe!“

„Da ruft jemand um Hilfe. Hast du das gehört?“, fragte ich Fanny ganz bestürzt. „Komm! Wir müssen nachsehen, was da los ist.“

„Aber woher kam der Schrei?“, fragte Fanny ratlos. „Von

dort? Oder von der Heide?“ Sie zeigte in die Dunkelheit und ich nickte.

„Er kam von der Heide“, antwortete ich. „Was sollen wir tun?“

„Die Polizei rufen“, schlug Fanny vor. „Ich trau mich da nicht hin. Wir gehen nach Hause. Es ist nicht mehr weit.“

Im gleichen Augenblick hallte der Schrei wieder durch die Dunkelheit und ich konnte hören, wie verzweifelt er klang.

„Nein“, sagte ich und nahm Fanny an der Hand. „Wir müssen sofort nachsehen, was da los ist.“

„Aber ...“, setzte Fanny an. Nach kurzem Zögern folgte sie mir, da ich mich bereits in die Richtung aufgemacht hatte, aus der die angsterfüllte Stimme kam.

Kapitel 9

Die Augen gewöhnten sich schnell an die tiefe Dunkelheit, die hier herrschte. Wir gingen einen Fahrradweg entlang, überquerten einen kleinen Hain und kamen dann auf die Heide hinaus. Der Vollmond schien und vereinzelte, bleiche Sterne schauten auf uns nieder. Es war total still geworden und kein Schreien mehr zu hören. Ängstlich sahen wir umher. Ich hielt Fanny an der Hand und spürte, wie sie zitterte. Genau wie ich.

„Komm, lass uns zurückgehen!“, flehte Fanny leise. „Hier ist es so unheimlich. Vielleicht ist das alles nur eine Falle. Stell dir bloß mal vor, das ist ein Mörder, der ...“

„Hilfe!“, hörten wir plötzlich wieder jemanden rufen. Ich zeigte in die Richtung.

„Komm, es kam von da!“

Ich hatte auch Angst. Mein Herz schlug wie verrückt und ich spürte, dass ich weiche Knie bekam. Aber ich konnte den armen Menschen da doch jetzt nicht im Stich lassen! Er brauchte Hilfe. Also gingen wir weiter in die Richtung, aus der der Schrei gekommen war. Plötzlich konnten wir im Mondlicht die Silhouette eines Menschen erkennen.

„Hallo!“, rief ich.

„Wer ist da?“, rief Fanny. Ich sah, wie sich die Silhouette bewegte und uns winkte.

Wir gingen langsam auf ihn zu. Es war ein älterer Mann, der neben einem kleinen Hügel stand. In dem silberweißen Licht wirkte er uralt. Er hatte einen langen, grauen Bart und trug eine Sportmütze. Ein Tweedjackett schlotterte um seinen vogelscheuchenartig mageren Körper, und er stand gebeugt da, als ob er alle Last der Welt auf seinen Schultern tragen würde.

„Da! Er ist da drin!“, stammelte er hilflos mit zittriger Stimme und zeigte mit seinem Stock auf den dunklen, grasbewachsenen Hügel.

„Wer? Wovon spricht er?“, fragte Fanny mich leise.

Im gleichen Augenblick erklang ein dumpfes Kläffen aus dem Inneren des Hügels. Fanny und ich sahen uns an und dann verstanden wir beide.

„Kaninchen!“, sagte Fanny zu dem Alten. „Im Kaninchenbau?“

„Ja, genau“, platzte ich heraus. „Das ist es. Sein Hund ist in ein Kaninchenloch gekrochen.“

Der Alte nickte und griff sich ans Herz. Dann folgte ein Schwall von Worten. Fanny schien zu begreifen, was er sagte, aber ich konnte nur einzelne Worte verstehen.

„Er sagt, sein Hund hat sich von der Leine losgerissen und Kaninchen gejagt. Er ist ihnen bis in ihren Bau gefolgt und jetzt kommt er nicht mehr heraus. Der Alte hat Angst, dass sein Hund erstickt, wenn wir es nicht schaffen, ihn da schnell herauszuholen.“

„Aber wie sollen wir das denn anstellen?“, fragte ich sie. „Wir haben doch keinen Spaten oder so was bei uns.“

„Dann müssen wir halt versuchen, mit den Händen zu graben“, meinte Fanny ganz ruhig und kniete sich hin. Sie horchte am Boden um herauszufinden, woher das vereinzelte gedämpfte Gebell des Hundes kam. Währenddessen stand der Mann da, murmelte hilflos vor sich hin und schüttelte besorgt den Kopf.

„Er wird sterben!“, stieß er verzweifelt hervor und ich hörte ihm an, dass er dem Weinen nahe war. „Mein kleiner Liebling ... Mein lieber, lieber kleiner Bingo!“

Fanny deutete auf die Erde. „Ich hör was!“

Sie steckte ihren Arm so weit in die Öffnung hinein, wie es ging. Ich hörte weit drinnen ein dumpfes Kläffen.

„Ich kann den Schwanz spüren“, rief Fanny. „Los komm! Wir graben ihn aus.“

„Mein kleiner Freund“, jammerte der Alte. „Mein armer kleiner Freund ...“

Ich kniete mich neben Fanny und begann mit den Händen in der feuchten Erde zu graben. Wir versuchten das Kaninchenloch zu vergrößern, damit der Hund vielleicht von selbst wieder herausfand.

Das war eine schweißtreibende Arbeit. Die Erde klebte an den Händen und Fanny fluchte leise vor sich hin, als sie sich einen Nagel abbrach. Ich musste grinsen. Alles wirkte so gespenstisch, fast wie in einem schlechten Thriller. Der Mond schien auf uns herab, es roch nach Erde und Feuchtigkeit, und dann war da ständig die weinerliche Stimme des alten Mannes im Hintergrund zu hören, der lamentierte, dass sein Hund wahrscheinlich sterben würde.

Wie sehnlich wünschte ich mir, dass dieser Alte ruhig sein würde, zumindest eine Minute lang. Schließlich lebte der Hund da drinnen in dem Kaninchenbau noch. Er bellte ab und zu wütend, und ich war mir ziemlich sicher, dass keine Gefahr für ihn bestand.

Wir gruben und gruben und machten uns dabei immer schmutziger. Ich fragte mich besorgt, was Fannys Mutter wohl sagen würde, wenn wir nach Hause kamen. Ihr neuer Rock sah nicht mehr neu aus. Er war nass und total verdreckt.

„Er wird sterben ... Mein armer kleiner Freund ....“, fuhr der alte Mann fort zu jammern und rang verzweifelt die Hände.

Fanny und ich sahen einander an und plötzlich hätte ich am liebsten laut gelacht. Ich musste auf den Boden sehen und fest die Lippen zusammenbeißen.

Im gleichen Moment hörten wir Stimmen und sahen weiter entfernt eine Taschenlampe aufleuchten. Zwei Hunde bellten und jemand rief etwas. Plötzlich kam Leben in den Alten. Er winkte aufgeregt mit dem Stock und rief etwas. Fanny und ich sahen uns an. Was war jetzt los?

„Bekommst du den Hund frei?", fragte ich Fanny. Sie lag vor dem Kaninchenloch auf den Knien und hatte einen Arm hineingesteckt. Sie schüttelte den Kopf.

„Lass mich mal versuchen!", bat ich sie. „Vielleicht reiche ich etwas weiter hinein als du."

Fanny nickte und wir tauschten die Plätze. Ich legte mich platt auf den Boden und streckte den Arm hinein so weit es ging. Drinnen konnte ich das struppige Fell des Hundes mit meinen Fingern fühlen, zappelnde Hinterpfoten und einen kurzen Schwanz, der die wild hin und her wedelte. Ich versuchte mit meiner Hand die weiche Erde rund um den Hund wegzugraben. Es war unbequem und nach einer Weile begann mein Arm einzuschlafen. Ich hörte den Hund kläffen und spürte, wie ich ihn plötzlich an beiden Hinterbeinen zu fassen bekam.

Im gleichen Moment wie die Leute mit der Taschenlampe uns erreicht hatten, zog ich einen schmutzigen und wütend bellenden, kleinen, braunweißen Terrier aus dem Kaninchenloch.

„Hier ist er", sagte ich lachend zu dem alten Mann, der sofort den kleinen Ausreißer an die Leine nahm. Erst dann hob er ihn hoch und drückte ihn zärtlich an sich.

Gleich darauf wurde der Lichtstrahl der Taschenlampe voll auf mein Gesicht gerichtet. Anschließend wanderte er zu Fanny und dem Alten mit dem Hund weiter. Der Terrier kläffte immer noch wütend. Jetzt galt seine ganze Aufmerksamkeit zwei großen, schwarzbraunweißen Jagdhunden, die neben dem Mann mit der Taschenlampe standen und langsam ihre Schwänze hin und her bewegten.

„Was ist passiert?", fragte eine Männerstimme auf Englisch und Fanny begann ihm alles zu erklären. Währenddessen bellte der Terrier wie verrückt weiter und der Alte versuchte ihn zu beruhigen.

Ich sah mir die Begleitung des Mannes genauer an und glaubte sie wiederzuerkennen. Aber erst als die Taschenlampe ihr versehentlich voll ins Gesicht leuchtete, sah ich, dass es diese unfreundliche alte Schachtel von unserem Ausritt war, die Fiona so angeherrscht hatte. Das erstaunte mich sehr. Dieses Dorf war wirklich klein, dachte ich mir im Stillen.

Ein wenig später gingen wir zur Landstraße hinunter. Dort stand ein Oldtimer-Modell eines großen, grünen Jeeps. Die Frau half dem alten Mann mit seinem Hund auf den Rücksitz, die zwei Stöberhunde sprangen in den Kofferraum und der Typ mit der Taschenlampe schrieb fein säuberlich Fannys und meinen Namen sowie unsere Adresse auf.

„Meine Güte, eure Kleidung ist ja völlig ruiniert", stieß die Frau hervor, als sie uns im Schein der Straßenbeleuchtung sah. „Natürlich werden wir sie euch ersetzen. Wir sind euch unglaublich dankbar, dass ihr meinen Vater gefunden habt."

„Ja, wir danken euch sehr herzlich für eure Hilfe", schloss sich der Mann ihr an. Dann stiegen sie schnell ein, und nach einem Kavalierstart verschwanden die roten Rücklichter im Dunkel der Augustnacht.

„Los erzähl schon! Was haben sie gesagt?", forderte ich Fanny neugierig auf, als das Motorengeräusch in der Ferne verschwunden war. „Hast du die Frau erkannt? Das war die alte Hexe auf dem Fuchs beim Ausritt."

Fanny nickte und während wir langsam nach Hause gingen, erzählte sie, dass es sich bei dem Alten um den Gutsbesitzer der kleinen Ortschaft handelte. Er war der Vater dieser Hexe und der Mann mit der Taschenlampe war wohl ihr Ehemann gewesen.

Der alte Gutsbesitzer pflegte jeden Abend mit seinem kleinen Terrier einen Spaziergang zu machen. An diesem Abend hatte sich der Hund von der Leine losgerissen und ein Kaninchen in seinen Bau verfolgt. Natürlich hatte der Alte nach ihm gesucht und ihn schließlich auch gefunden. Aber dann wusste er nicht mehr, was er tun sollte. Er hatte sich einfach hingestellt und aus Leibeskräften nach Hilfe gerufen. Genau da hatten Fanny und ich ihn gehört.

„Glaubst du, dass uns die Alte wiedererkannt hat?“, fragte ich Fanny.

Sie schüttelte den Kopf. „Nein, das glaub ich nicht.“

Im gleichen Moment verstummte Fanny. Sie hatte das Gleiche wie ich gesehen. Im Haus ihrer Eltern brannte Licht in der Küche. Das hieß, dass ihre Mutter und ihr Vater nach Hause gekommen waren.

„Oh Mist!“, stöhnte Fanny auf. „Ich hatte so gehofft, dass wir es noch vor ihnen schaffen würden.“

„Der Rock deiner Mutter ...“, setzte ich an, aber Fannys tiefer Seufzer unterbrach mich.

„Ich weiß“, meinte sie. „Und ich hab ihre neuen Schuhe an. Der eine Absatz ist abgegangen.“

Ich schaute an ihr hinunter. Fanny trug wirklich hübsche Schuhe und ich hatte die ganze Zeit geglaubt, das seien ihre. Ich verstand: Sie hatte nicht nur der Rock ihrer Mutter ausgeliehen ... Die Schuhe sahen nicht mehr besonders toll aus. Sie waren dreckverschmiert, wie alles andere auch. Ich sah an dem Jeansrock hinab, der sich von einem schicken, modischen Teil in einen Stofffetzen verwandelt hatte, bei dem man hätte meinen können, wir hätten ihn gerade aus der Mülltonne gezogen.

„Das heißt, wir werden Probleme bekommen“, folgerte ich langsam.

„Ja“, meinte Fanny geknickt, „davon kannst du ausgehen. Aber überlass mir das Reden ... okay? Ich glaube nicht, dass Cathy so sehr böse wegen der Sachen ist, vielmehr ...“

Ich sah Fanny an und zog die Augenbrauen hoch. „Was redest du denn? Natürlich wird sie sauer sein, wenn wir ihr ihre neuen Sachen ruiniert haben.“

„Na ja“, rückte Fanny langsam heraus, „Tatsache ist, dass

ich vergessen habe ... na ja, ich habe einfach vergessen, den beiden zu sagen, dass wir am Abend weggehen wollten."

„Was?", stieß ich entsetzt hervor. Ich wusste nur zu gut, wie genau es Fannys Eltern mit solchen Dingen nahmen. „Sag mal, tickst du nicht mehr richtig?"

„Ich habe gedacht, wir sind vor ihnen zu Hause", brachte Fanny als Entschuldigung vor. „Aber komm jetzt! Das kriegen wir schon wieder hin. Glaub mir! Wie spät ist es?"

„Fast halb eins", antwortete ich, nachdem ich einen Blick auf meine Armbanduhr geworfen hatte.

„Das ist doch noch gar nicht so spät", meinte Fanny und versuchte die Sache herunterzuspielen. „Jetzt mach dir keine Sorgen!"

Mit klopfendem Herzen betrat ich nach Fanny das Haus. Ich wusste sehr gut, dass Cathy sich wie ein gereizter Tiger aufführen konnte, und ich ahnte, dass uns da ganz schön was blühte.

Viel später waren wir endlich allein in Fannys Zimmer. Sie saß im Schneidersitz auf ihrem Bett, und ich lag auf dem Bauch in meinem Gästebett. Keine von uns sprach ein Wort

Schließlich seufzte Fanny tief. „Es tut mir Leid", entschuldigte sie sich. „Verzeih mir! Das hab ich ehrlich nicht gewollt."

„Ich weiß", sagte ich. „Aber, aber ..."

„Es war dumm von mir, dass ich dir das verschwiegen habe", fuhr sie fort. „Aber ich dachte nicht, dass wir so lange fortbleiben würden und ..."

„Vergiss es! Wir reden nicht mehr darüber", wehrte ich ab und klopfte das Kissen auf. „Was passiert ist, ist passiert! Können wir nicht ein wenig fernsehen?"

Fanny nickte ohne ein Wort zu sagen und schaltete den kleinen Fernseher an, der in ihrem Zimmer stand. Es schien ein Krimi zu laufen und obwohl eigentlich keine von uns beiden daran interessiert war, starrten wir schweigend auf die

Mattscheibe, wo der listige Detektiv den bösen Schurken in einer Tiefgarage jagte.

Schon nach kurzer Zeit war ich mit meinen Gedanken wieder bei der Schimpfkanonade, die wir über uns hatten ergehen lassen müssen – richtiger gesagt, Fanny. Cathy und Martin waren nach Hause gekommen und hatten das Haus leer und dunkel und das ganze Essen im Kühlschrank vorgefunden. Sie hatten sich so große Sorgen um uns gemacht, dass sie beinahe die Polizei angerufen hätten. Aber zum Glück waren wir genau in diesem Moment nach Hause gekommen.

Und dann war da noch die Geschichte mit dem Hund und dem Alten. Wie hatten wir nur so dumm sein können, in der stockdunklen Nacht umherzulaufen, nur weil jemand rief?, hatte Cathy uns aufgebracht gefragt und uns einen langen Vortrag darüber gehalten, was uns alles hätte passieren können. Schließlich hätte das ja auch ein Mörder sein können oder ein Sexualverbrecher oder jemand, der uns hätte entführen können ... Ja, das hätte alles ganz schlimm enden können.

„Ach ja, und was hätten wir tun sollen?“, fragte Fanny, als ihre Mutter zwischendurch mal Luft holte.

„Ihr hättet geradewegs nach Hause gehen und die Polizei anrufen sollen“, stieß Cathy hervor und schlug mit der Faust auf den Tisch. „Macht mir so was nie wieder! Ist das klar?“

Wir nickten still.

Und dann war da noch die Sache mit den Klamotten. Fannys Taschengeld wurde mit sofortiger Wirkung gestrichen, bis alles abbezahlt war. Natürlich versuchten wir Cathy klar zu machen, dass die Familie des Alten versprochen hatte, für den Schaden aufzukommen. Aber Cathy meinte nur höhnisch: „Na ja, das weiß man ja, wie es mit den feinen Leuten und dem Geld bestellt ist. Sie vergessen alles ganz schnell, was sie diesbezüglich versprochen haben und morgen ist ein neuer Tag. Leg den Rock in den Wäschekorb, Sara! Ich werde ihn gleich morgen früh in die chemische Reinigung bringen. Und die Schuhe müssen zum Schuster.“

Plötzlich hörte ich ein merkwürdiges Geräusch von Fannys Bett. Ich zuckte zusammen und wandte den Kopf. Sie lag schlafend auf dem Rücken und schnarchte.

Ich stand auf, stellte den Fernseher ab, kroch wieder in mein Bett und schloss die Augen.

Was war das bloß für ein Tag gewesen. Und erst der Abend!

Kapitel 10

Es wäre gelogen, zu behaupten, die Stimmung am nächsten Tag beim Frühstück sei heiter gewesen. Fanny sah ziemlich frisch aus. Ich fühlte mich dagegen völlig erschlagen und hatte heftige Kopfschmerzen. Ich schielte nach der Zeitung, die auf dem Tisch lag. Freitag ... nur noch zweieinhalb Tage, dann würde ich wieder nach Hause fahren. Heute war doch dieses Fest, auf das Mike mit Susi gehen wollte.

Puh! Das war alles so ein Mist! Fanny und ich hatten uns vorgenommen, diese Woche richtig zu genießen und stattdessen hatte es jede Menge Ärger gegeben.

Ich seufzte tief und gab zwei gehäufte Teelöffel Zucker in meinen Kaffee.

„Wie viel Zucker willst du dir eigentlich noch in die Tasse schütten?", fragte Fanny erstaunt. „Du weißt schon, dass das jetzt bereits der vierte Löffel ist?"

„Was?", fragte ich verwirrt.

„Du hast doch vorhin schon Zucker hineingetan", erklärte Fanny.

Ich goss noch ein wenig Milch dazu und probierte den Kaffee. Er war zwar süß, aber absolut trinkbar. Ich strich mir noch eine Scheibe Brot.

„Fahren wir nachher zum Stall?", fragte Fanny und rührte

ihren Tee um. „Ich wollte Shamira shampoonieren und für die Turniere am Samstag und Sonntag herrichten."

„Ihr werdet nicht in den Stall fahren", meinte Cathy, die gerade in die Küche kam und im Büro-Look angezogen war. Sie sah mich und Fanny mit einem strengen, durchdringenden Blick an.

„Bevor ihr heute irgendetwas anderes unternehmt, werdet ihr den Rock in die chemische Reinigung und die Schuhe zum Schuster bringen. Und außerdem werdet ihr mir ein paar Sachen einkaufen, die ich aus dem Lebensmittelladen brauche. Ich muss kurz ins Büro und habe keine Zeit, das Essen für heute Abend einzukaufen."

„Kann Papa nicht ...?", setzte Fanny an, aber der vernichtende Blick von Cathy ließ sie sofort verstummen. Ich starrte auf den Tisch und empfand die Situation als höchst peinlich.

„Tschüs! Wir sehen uns am Abend."

Cathy verschwand durch die Tür und ließ eine Wolke Parfüm zurück. Fanny und ich starrten uns an. Wenn Cathy diesen Tonfall drauf hatte, widersprach man ihr am besten nicht. Kurz darauf waren Fanny und ich auf dem Weg ins Zentrum.

Bevor wir aufgebrochen waren, hatte ich schnell im Internet meine Post kontrolliert – ich weiß nicht, zum wie vielten Mal in dieser Woche. Aber der Posteingang war leer. Mike hatte mir noch immer nicht geschrieben. Er hatte es noch nicht einmal für nötig befunden, mir zu erklären, warum er es bei meinem Anruf so eilig gehabt hatte, dachte ich verbittert, als wir gingen. Und während Fanny sich lang und breit über Ted und alle seine Vorzüge und Nachteile ausließ, trabte ich neben ihr her und ärgerte mich mehr und mehr über Mikes gleichgültige Art. Warte nur, bis ich nach Hause komme!, dachte ich. Ich würde ihn fragen, was er sich bloß dabei gedacht hatte, und ich würde solange nicht gehen, bis ich eine überzeugende Erklärung von ihm bekommen hatte.

Als Erstes gingen wir zum Schuster und gaben die Schuhe ab. Ich stellte mir im Geiste einen kleinen, kurzsichtigen alten

Mann vor, stattdessen bediente uns ein junges Mädchen mit kurzen, roten Haaren. Sie trug Piercings in der Lippe, in der Nase und an einer Augenbraue. Nachdem sie sich die Schuhe angesehen hatte, meinte sie, dass sie mit einem neuen Absatz wieder in Ordnung seien und dass der ganze Spaß 7 Pfund kosten würde.

Dann gingen wir zur chemischen Reinigung, die nicht weit davon entfernt lag. Auf dem Weg dorthin gab es eine Menge Geschäfte, unter anderem eine Tierhandlung, in deren Schaufenster auch Reitutensilien ausgestellt waren.

„Schauen wir mal kurz hinein?", schlug ich vor und Fanny nickte.

„Ja, warum nicht!"

Die Türglocke bimmelte, als wir den Laden betraten. Es roch nach Meerschweinchen und Hundenahrung. Von etwas weiter hinten hörte man Wellen- und Nymphensittiche in ihren Käfigen zwitschern. Ein struppiger Mischlingshund kam freudig auf uns zugelaufen und begrüßte uns. Der blonde Verkäufer hinter dem Ladentisch dagegen warf uns nur kurz einen total gelangweilten Blick zu und las dann in seiner Zeitung weiter.

Wir sahen uns die Sachen in aller Ruhe an. Es gab eine Menge Halfter in den unterschiedlichsten Farben, haufenweise Bürsten, ein halbes Regal voll mit den verschiedensten Shampoos und Mitteln zum Einreiben und außerdem unglaublich schöne Trensen. Sehnsuchtsvoll stand ich da und strich über eine sagenhaft tolle, dunkelbraune Trense mit Nasenriemen und diesen irren Gummizügeln, die ich so liebe. Leider hing auch ein Preisschild daran und mir wurde schnell klar, dass das weit außerhalb meiner finanziellen Möglichkeiten lag.

Aber für eine Bürste reichte es und ich kaufte auch noch ein Spezialshampoo, das Schimmel tatsächlich weiß werden ließ. Zumindest stand das so auf der Flasche. Das war genau das, was ich für einen Schimmel wie Fandango brauchte.

Als Fanny endlich bereit war, die supertollen Reithosen im Geschäft ihrem Schicksal zu überlassen, und ich auch alles gesehen hatte, gingen wir weiter. Wir kauften uns noch ein Eis und bummelten anschließend etwas herum.

Plötzlich blieb Fanny stehen. „Die Tüte!“

„Ja, die habe ich“, sagte ich und hielt sie hoch.

„Doch nicht die. Die mit dem Rock“, stieß Fanny verzweifelt hervor. „Ich hab sie irgendwo liegen lassen.“

„Versuch dich zu erinnern, wo du sie zuletzt noch hattest!“, forderte ich sie auf und sah den entsetzten Blick in Fannys Augen.

„Beim Schuhmacher“, antwortete sie langsam. „In dieser Tierhandlung, glaube ich, hab ich sie auch noch gehabt.“

„Kann sein“, gab ich ihr Recht. „Wir sind ja anschließend direkt dort hingegangen. Komm, lass uns zurückgehen! Sie liegt sicher noch da.“

Als wir endlich wieder zu dem Geschäft gekommen waren, war es zehn nach zwölf. An der Tür hing ein kleines, weißes Schild, worauf mit schwarzen Buchstaben *CLOSED* stand. Das Geschäft hatte über Mittag geschlossen.

„Oh, nein!“, stöhnte Fanny. „Was machen wir jetzt?“

„Wir essen auch zu Mittag“, entschied ich schnell. „Oder zumindest eine Kleinigkeit.“

Fanny nickte und dann gingen wir in ein kleines Café.

„Ich begreife das nicht“, meinte Fanny frustriert, als wir mit unserem Sandwich und dem Getränk vor uns dasaßen. „Das ist ja langsam alles wie verhext.“

Ich nickte. „Ja, das Gefühl hab ich allmählich auch“, sagte ich. „Dabei wollten wir es uns so schön machen.“

Fanny nickte schweigend. Im gleichen Moment sprang mir ein Zettel auf dem schwarzen Brett im Café ins Auge. Oben war ein Pferd zu sehen, das über ein Hindernis sprang, und darunter stand etwas über eine *Horseshow.*

„Sieh mal, der Zettel da!“, forderte ich Fanny auf und zeigte darauf. Fanny sah hin.

„Ja, da geht es um die Turniere am Wochenende."

„Welche Klassen sind denn morgen dran?", fragte ich und Fanny nahm einen Schluck, bevor sie antwortete.

„Am Vormittag gibt es Gymkhana-Spiele, du weißt schon, diese Reiterspiele", erwiderte sie. „Und nach dem Mittagessen findet ein Springwettbewerb für Ponys statt. Außerdem gibt es eine Menge anderer Sachen, zum Beispiel Geschicklichkeitsprüfungen für Hunde und so was."

„Okay", sagte ich. „Das klingt vielversprechend. Bist du bei den Gymkhana-Spielen auch dabei?"

„Ja", sagte sie und strahlte plötzlich übers ganze Gesicht. „Mensch, warum machst du nicht auch mit?", fragte sie mich ganz aufgeregt. „Du kannst sicher Jack haben."

„Sag mal, spinnst du?", rief ich. „Ich bin doch kein Clubmitglied und außerdem habe ich überhaupt keine Turnierklamotten dabei – keine Reitjacke, keine weißen Reithosen und ..."

Fanny seufzte.

„Jetzt sei doch nicht so negativ! Das mit den Klamotten kriegen wir schon hin. Für die Gymkhana-Spiele darf man in Clubkleidung und normalen Reithosen reiten. Und Mitglied im Club kannst du doch werden, oder?"

„Ja ... na ja, vielleicht", antwortete ich zögernd.

„Wir reiten am Nachmittag hin, dann kannst du die Mitgliedsgebühr bezahlen", schlug Fanny eifrig vor. „Und dann ... besprechen wir die Sache mit Fiona, damit das in Ordnung geht."

„Aber müsste ich denn nicht ein wenig dafür üben?", fragte ich ziemlich verwirrt. „Ich bin noch nie in meinem Leben Gymkhana geritten."

„Ach was, das ist überhaupt nicht nötig. Das schaffst du mit links", versicherte mir Fanny und wischte mit einer eleganten Handbewegung alle meine Bedenken weg. Irgendwie hatte sie es tatsächlich fertig gebracht, mich mit ihrem Enthusiasmus anzustecken. Es würde sicher Spaß machen, etwas Neues auszuprobieren. Ich nehme wahnsinnig gerne an Turnieren teil, und so eine Herausforderung wie diese hier konnte ich mir doch nicht entgehen lassen. Inzwischen ging es auf ein Uhr zu und eigentlich hätte das Geschäft schon wieder geöffnet sein müssen. Aber es tauchte keine Menschenseele auf. Erst eine Viertelstunde später kam der Typ auf einem rostigen Fahrrad angefahren. Daneben lief der Hund. Sobald der Blonde die Tür aufgeschlossen hatte, gingen wir hinein und fragten nach der Tüte.

Er hatte keine Ahnung, ob hier jemand eine Tüte hatte liegen lassen, und gab uns das Gefühl, dass er uns als lästig empfand, weil wir ihn während seiner Arbeitszeit mit unseren dummen Fragen nervten. Fanny und ich suchten auf alle Fälle den ganzen Laden ab und schließlich fanden wir die Tüte. Sie hing in einer Ankleidekabine. Fanny hatte eine Reithose anprobiert, die Tüte an den Haken gehängt und anschließend vergessen, sie mitzunehmen.

Dann machten wir uns zur chemischen Reinigung auf. Wir gingen und gingen und glaubten schon, nie dort anzukommen. Die Sonne brannte herab und die Stellen an den Füßen, die ich mir am Abend zuvor in den Schuhen wund gerieben hatte, begannen zu schmerzen. In diesem Teil der Ortschaft gab es auch nicht besonders viele Geschäfte oder andere interessante Dinge, die man sich hätte anschauen können. Es gab fast nur Wohnhäuser und das ein oder andere Büro.

Endlich tauchte das Schild vor uns auf und kurz darauf öffnete Fanny die Tür. Eine Glocke bimmelte und wir gingen in den etwas dunklen, kühl wirkenden Raum hinein.

Vor dem Ladentisch stand eine Frau mit dem Rücken zu uns gewandt und sprach mit dem Angestellten. Im gleichen Moment drehte sie sich um – und ich sah, dass es meine Nachbarin vom Flugzeug war.

Wir starrten uns schweigend an. Es war sicher nicht länger als eine Sekunde, aber ich hatte das Gefühl, als ob die ganze Welt still stehen würde. Dann grüßte ich sie und sie tat das

Gleiche. Sie starrte mich weiterhin an und plötzlich schien es, als ob sie etwas sagen wollte. Währenddessen drückte sich Fanny an mir vorbei, ging zum Ladentisch vor und reichte dem Angestellten den Rock.

„Entschuldige bitte, wenn ich das frage", sagte die Frau schließlich auf Schwedisch und starrte mich dabei unentwegt an, „aber verfolgst du mich?"

„Wie bitte?", entfuhr es mir. „Dasselbe könnte ich Sie ja wohl fragen?"

„Ich finde, es sind wirklich äußerst merkwürdige Zufälle, dass überall, wo ich hingehe, du und deine Freundin auftauchen. Sogar zu Hause bei den Atkins'."

„Atkins?", fragte ich und Fanny, die gerade mit einem Kassenzettel in der Hand zur mir zurückkam, gab mir die Antwort.

„Fionas Familienname ist Atkins", erklärte sie. „Ich habe mein Pferd dort untergebracht. Deshalb haben Sie uns gesehen. Das ist alles."

Die Frau sah zuerst mich, dann Fanny mit ernster Miene an. Schließlich ruhte ihr Blick wieder auf mir.

„Ach, vergiss es! Es tut mir Leid, dass ich etwas gesagt habe. Vielleicht ist das ja wirklich nur ein eigenartiger Zufall", fügte sie hinzu und zuckte mit den Schultern.

„Ja, aber ...", setzte ich erstaunt an.

„Nein", unterbrach sie mich, „ich hab es eilig. Tschüs!", verabschiedete sie sich und verschwand durch die Glastür, die klirrend hinter ihr zufiel.

Ich spürte, wie ich nach diesem Gespräch am ganzen Körper zitterte. Wie kam sie dazu, zu fragen, ob ich sie verfolgte? Sie war es doch, die überall da auftauchte, wo ich war. Es war ... ja, es war unheimlich. Ich empfand es zumindest so.

„Was hat sie eigentlich gesagt?", wollte Fanny wissen, als wir vor der Tür standen.

„Sie hat mich gefragt, warum ich sie verfolge", antwortete ich. Ich zitterte noch immer am ganzen Körper. „Die spinnt doch, oder?"

Fanny schüttelte den Kopf. „Ja, die hat wirklich nicht alle Tassen im Schrank."

„Das finde ich auch", gab ich ihr Recht. „Außerdem hat sie mich bei Fiona gesehen. Das muss da gewesen sein, als sie das Kuvert in den Briefkasten gesteckt hat."

„Hör mal, wir sollten am besten mit meinen Eltern darüber reden!", schlug Fanny vor.

„Ach was", wehrte ich ab und holte tief Luft. „Was sollen wir ihnen sagen? Sie hat mir ja nicht gedroht oder so was. Ich glaube vielmehr, sie ist genauso erstaunt darüber wie ich, dass wir uns ständig über den Weg laufen."

„Ja, das ist wirklich verrückt", bestätigte Fanny. „Aber es sind schon merkwürdigere Dinge passiert, oder?"

„Meinst du?", fragte ich düster.

Wir verließen die Reinigung und machten uns auf den langen Weg nach Hause. Nach einer Weile fühlte ich mich schon wieder besser, aber trotzdem ging mir die seltsame Frage der Frau nicht aus dem Kopf.

Ich dachte an all die Male, die wir uns in dieser Woche gesehen hatten. Von meiner Seite aus war das reiner Zufall gewesen. Aber wie stand es bei ihr?

„Fanny?", fragte ich sie, nachdem ich eine Weile überlegt hatte. „Und wenn es wirklich so ist?"

„Was?"

„Überleg doch mal: Sie hat mich gefragt, ob ich sie verfolge, weil sie in Wahrheit mich verfolgt!"

Fanny schaute mich an und zog die Augenbrauen hoch. „Du siehst langsam Gespenster", antwortete sie. „Was soll sie schon von dir wollen? Hast du sie schon mal früher gesehen? Vielleicht mit ihrem Sohn geflirtet?"

„Red nicht so blödes Zeug!", fuhr ich sie verärgert an. „Hör auf mit dem Quatsch! Die Sache ist wirklich nicht lustig, sondern unheimlich."

„Ach was, das ist reiner Zufall", sagte Fanny und klang – zur Abwechslung – tatsächlich fast ernst.

„Diese Ortschaft ist ja nun wirklich nicht groß“, fuhr sie fort, „und es sind ja auch fast keine Touristen hier. Wenn du mich fragst, dann finde ich es viel merkwürdiger, was diese Frau aus dem Flugzeug und Fionas Vater miteinander zu schaffen haben.“

„Was willst du damit sagen?“, fragte ich sie neugierig.

„Sie weiß, dass sie Atkins mit Nachnamen heißen. Sie war bei ihnen und hat ein Kuvert in den Briefkasten geworfen, obwohl Fiona und ihr Vater zu Hause waren. Warum hat sie nicht geläutet und es persönlich abgegeben? Außerdem haben wir gesehen, wie sie mit Megans Vater gesprochen und wahrscheinlich auch mit ihm gegessen hat. Der will unbedingt Fionas Pferd haben. Das alles finde ich wesentlich merkwürdiger, als dass ihr euch aus reinem Zufall ständig über den Weg lauft.“

Ich nickte. Fanny hatte Recht. Was führte diese Frau aus dem Flugzeug im Schilde?

Kapitel 11

Ein paar Stunden später fuhren wir mit dem Fahrrad zum Stall. Als wir ankamen, stand Winny angebunden in der Stallgasse. Fiona erzählte uns, dass sie bereits einen Ausritt gemacht hatte. Sie saß in der Hocke vor Winnys rechtem Vorderbein und tastete es ab.

„Ich finde, sie fühlt sich hier warm an“, sagte Fiona und ließ ihre Hand über die Fessel der Stute gleiten.

„Lahmt sie?“, fragte Fanny, worauf Fiona etwas zögerlich den Kopf schüttelte.

„Wenn man das Pferd selbst führt, ist das immer etwas schwer zu sehen. Vielleicht, ein wenig ... Wie wär’s, wenn ich sie ein wenig führe und ihr sie euch dabei anseht? Dann könnt ihr mir eure Meinung dazu sagen.“

Weder ich noch Fanny entdeckten die geringste Lahmheit bei Winny, und ich konnte weder Wärme noch einen erhöhten Pulsschlag an der rechten Fessel feststellen. Ganz im Gegenteil! Winnys Bein fühlte sich kühl an und man konnte die Knochen und Sehnen unter der dünnen Haut spüren. Während ich so in der Hocke dasaß, reckte Winny den Kopf nach hinten und schnupperte neugierig an meinen Haaren. Fiona lächelte.

„Das macht sie eigentlich immer nur bei mir“, gestand sie, als ich mich erhob.

„Ich finde sie fantastisch“, schwärmte ich und strich Winny über den seidenweichen Hals. Sie sah mich mit ihren großen, braunen Augen an, und plötzlich wusste ich, dass ich so ein Pferd schon immer gerne haben wollte. Und ich hoffte, dass ich es eines Tages finden würde, wenn ich nur lange genug danach suchte.

„Du nimmst doch an dem Turnier am Sonntag teil, oder?“, wollte Fanny von Fiona wissen, als die Winny auf die Weide brachte. Fiona sah etwas gequält zur Seite und murmelte etwas Unverständliches, das sich so nach einem „Vielleicht, mal sehen“ anhörte.

Fanny lächelte sie aufmunternd an und fragte dann, ob ich Jack haben dürfte um an den Gymkhana-Spielen teilnehmen zu können. Fionas Miene hellte sich sofort auf und sie meinte, dass das überhaupt kein Problem sei. Dann schwieg sie. Sie brachte Winnys Sattel und Trense in die Sattelkammer, verabschiedete sich kurz von uns und verschwand im Haus.

„Ich habe nicht den Eindruck, dass sie großartige Lust hat, an dem Turnier teilzunehmen“, sagte ich nachdenklich, während wir Jack und Shamira putzten.

„Ja, mir kommt das auch so vor“, meinte Fanny. „Dennoch ... wenn sie ihre Angst überwinden könnte, hätten sie und Winny große Chancen zu gewinnen. Und wenn sie gewinnt, bräuchte sie das Pferd nicht zu verkaufen.“

„Ja, das stimmt.“ Ich nickte. „Aber die Angst verschwindet nicht, nur weil man mit den Fingern schnippt.“

„Das ist richtig“, seufzte Fanny. „Aber Papa sagt immer, wenn man das, wovor man so richtig Bammel hat, zumindest versucht anzupacken, dann verschwindet die Angst oft mit der Zeit.“

„Da ist was Wahres dran“, bestätigte ich ihr und hob Jacks rechtes Vorderbein um ihm den Huf auszukratzen. „Aber das setzt natürlich voraus, dass einem das, was man tut, auch gelingt.“

Der Gedanke an Fiona stimmte mich traurig und mir wurde

bewusst, dass meine eigenen Probleme im Gegensatz zu ihren eigentlich nur eine Lappalie waren. Ich meine, in drei Tagen war ich wieder zu Hause und dann würde ich ja erfahren, was mit Mike los war. Vielleicht gibt es für alles eine ganz natürliche Erklärung, dachte ich mir. Obwohl ich tief in meinem Innersten wusste, dass mich wahrscheinlich das Schlimmste erwartete. Mike war der erste Junge, in den ich mich so richtig verliebt hatte, und wenn er nicht mehr länger mit mir zusammen sein wollte ... Ich spürte, wie mich ein Gefühl der Verzweiflung packte, und ich musste ein paar Mal schlucken um den Kloß wegzubekommen, der sich in meinem Hals gebildet hatte. Am liebsten hätte ich laut losgeheult. Ich stellte Jacks Vorderbein auf den Boden zurück und richtete mich auf. Dann atmete ich tief durch. Ich musste es einfach schaffen, die beiden restlichen Tage noch so gut wie möglich zu überstehen. Das bin ich Fanny schuldig, dachte ich. Ich versuchte mich auf Jack zu konzentrieren und auf das, was ich vorhatte, statt meine Gedanken ständig abschweifen zu lassen.

Eine Weile später ritten Fanny und ich zum Reitclub und sprachen mit Grace, der Reitlehrerin. Ich könne gerne Mitglied im Club werden, sagte sie, und selbstverständlich dürfe ich an den morgigen Wettbewerben teilnehmen.

Ich bezahlte die Mitglieds- und Anmeldegebühr und außerdem kaufte ich ein Club-T-Shirt. Es war dunkelblau und trug auf der Vorderseite den Namen des Clubs und sein Emblem – ein springendes Pferd. Ich hatte vor, das T-Shirt morgen anzuziehen sowie eine hellbeige Reithose von Fanny, die sie schon seit langem nicht mehr getragen hatte.

Den Rest des Abends verbrachten wir damit, die Pferde zu waschen und sie für den kommenden Tag richtig fein herauszuputzen. Eigentlich hatte ich mir vorgenommen, Jacks Mähne einzuflechten, aber Fanny riet mir davon ab.

„Du wirst dich unter Umständen an ihr festhalten müssen“, zog sie mich auf.

Vielleicht hatte Fanny ja Recht und so ließ ich es sein.

Dagegen reinigte ich mit großer Sorgfalt Jacks Sattel und Trense. In der Sattelkammer hing eine weiße Satteldecke. Fiona hatte sie irgendwo hervorgekramt und gemeint, ich solle sie für seinen Sattel nehmen. Sie sah bedeutend besser aus als die abgenutzte moosgrüne, die man ihm bis jetzt immer aufgelegt hatte.

Als wir nach Hause kamen, bat ich, nach Hause telefonieren zu dürfen und versuchte meine Eltern zu erreichen. Eigenartigerweise ging dieses Mal wieder keiner ans Telefon. Ich rief bei Göran, meinem Onkel, an, aber auch hier meldete sich niemand.

„Irgendetwas stimmt da nicht", sagte ich zu Fanny, die auf ihrem Bett lag und Gummibärchen aß.

„Jetzt mach dir keine Sorgen!", beruhigte Fanny mich. „Sie sind sicher irgendwo unterwegs. Deine Mutter hat doch geschrieben, dass sie so schönes, warmes Wetter in Schweden haben. Vielleicht sind sie ja beim Baden oder im Garten draußen oder sonst irgendwo."

Ich nickte stumm, obwohl ich wusste, dass das nicht der wahre Grund sein konnte. Wir hatten eine riesengroße Glocke vor dem Haus, die weit und breit zu hören war, wenn das Telefon läutete. Außerdem hat Mama in der Regel ihr Handy bei sich.

„Jetzt kommt meine Lieblingssendung", erklärte Fanny und stand auf. Sie nahm die Fernbedienung für den Fernseher und ließ sich der Länge nach auf ihr Bett fallen. Das knarzte erst einmal heftig, Sekunden später gaben zwei Füße nach und dann krachte der ganze Bettrahmen zusammen.

Ich musste so lachen, dass ich nicht mehr aufhören konnte. Auch Fanny bekam einen Lachanfall, und es dauerte bestimmt fünf Minuten, bis sie es schaffte, aus dem Bett zu krabbeln. Dann holte sie ihre Mutter, damit sie ihr half, das Gestell wieder aufzurichten.

Ich griff nach der Fernbedienung und schaffte es, einen Sender hereinzubekommen, auf dem gerade ein Springturnier übertragen wurde. In der Zwischenzeit versuchten Fanny und Cathy das Bett wieder zusammenzuschrauben. Ich half ihnen dabei und sah mit einem halben Auge immer wieder auf den Fernsehschirm. Dort wurde gerade ein sehr schöner Parcours mit bunten Hindernissen gezeigt. Und plötzlich stellte ich fest, dass ich mich schrecklich nach Hause sehnte, aber nicht nach Mike, sondern nach Fandango.

Als uns Cathy am nächsten Morgen weckte, fühlte ich mich ausgeruht und hatte strahlende Laune. Fanny und ich frühstückten allein in der Küche, denn Cathy hatte sich noch einmal hingelegt. Sie wollte mit Martin später nachkommen. Die Gymkhana-Spiele begannen um zehn Uhr und jetzt war es erst Viertel vor sieben.

Draußen herrschte angenehm kühles Wetter. Die Sonne schien von einem klaren, blauen Himmel herab und Fanny atmete tief ein.

„Hilfe, ich bin so aufgeregt“, gestand sie. „Es ist das erste Mal, dass ich mit Shamira an einem Turnier teilnehme.“

„Bleib ganz cool!“, beschwor ich sie, während wir ohne Eile mit dem Fahrrad zum Stall hinausfuhren. „Wenn du dich nicht stressen lässt, dann tut Shamira das auch nicht.“

„Ich wünschte, ich könnte so cool wie du sein“, seufzte Fanny. „Bei Wettkämpfen scheinst du alles aus dem Handgelenk heraus zu machen.“

„Wie bitte?“, fragte ich sie erstaunt. „Ich bin jedes Mal entsetzlich nervös.“

„Aber das merkt man dir überhaupt nicht an“, sagte Fanny. Ich dachte nach. War ich nun nervös vor einem Turnier oder nicht? Doch, natürlich war ich es. Aber ich blendete alles andere aus, wie mein Vater das immer zu nennen pflegt.

Ich liebe Wettkämpfe. Es ist einfach das Schönste, was ich mir vorstellen kann. Dieses Gefühl, wenn man auf den Parcours zureitet – man ist bis zum Zerreißen angespannt, genauso wie das Pferd, und dann reitet man auf das erste Hindernis zu und spürt, dass das Pferd es so gut wie möglich machen will und ...

„Sieh mal! Da ist sie“, rief Fanny und unterbrach mich in meinen Gedanken. Ich zuckte so zusammen, dass ich fast vom Rad gefallen wäre. Im gleichen Moment brauste das weiße Auto an uns vorbei. Die Frau hinterm Steuer sah mich an. Sie starrte mit einem ziemlich verbissenen Gesichtsausdruck durch die Scheibe.

„Hast du das gesehen? Sie ist aus der Zufahrt zum Haus von Fionas Vater herausgekommen“, stieß Fanny ganz aufgeregt hervor.

„Bist du sicher?“, fragte ich und spürte, wie ich unruhig wurde.

„Also eins steht fest: Diese Frau führt irgendetwas im Schilde“, sagte Fanny.

„Nein, das glaube ich nicht“, wehrte ich ab.

„Hoffentlich hat sie nicht irgendwas Komisches mit den Pferden vor“, meinte Fanny besorgt, als wir unsere Fahrräder an die Stallwand lehnten.

„Warum sollte sie?“, fragte ich.

„Vielleicht steckt sie mit Megans Vater unter einer Decke. Hast du schon mal daran gedacht?“

„Wie kommst du denn da drauf?“

Fanny zuckte mit den Schultern. „Vielleicht verfolgt sie einen Plan? Was weiß ich? Wenn Fiona nicht beim Springturnier antritt, hat Megan bedeutend größere Siegeschancen. Und wenn Fiona morgen das Geld nicht gewinnt, dann muss sie sich wahrscheinlich von Winny trennen und dann kann Megans Vater sie endlich kaufen.“

Ich nickte. Fanny hatte Recht. Wir sollten die Augen offen halten.

Als wir zum Stall kamen, war alles wie sonst auch. Die Pferde standen auf der Weide und dösten in der Morgensonne vor sich hin. Der Stallplatz lag still und friedlich da und alle Rollos im

Haus waren heruntergezogen. Im Stall flog surrend eine große, dicke Fliege gegen das Fenster, und alles war genauso, wie wir es am Abend zuvor verlassen hatten.

Wir holten zuerst Jack und Shamira herein, aber bald stellte sich heraus, dass wir auch Winny holen mussten, denn sie begann wie verrückt auf der Weide umherzulaufen und wieherte ständig. Sobald sie in ihrer Box stand, beruhigte sie sich wieder. Mit hoch erhobenem Kopf verfolgt sie alles, was wir im Stall taten. Ich konnte einfach nicht anders, ich musste zu ihr gehen und sie streicheln. Sie war so wunderschön. Ich wünschte mir, dass ich mit ihr statt mit Jack bei den Wettkämpfen hätte reiten dürfen. Ich hätte ihr so gerne gezeigt, wie schön es sein konnte, zu kämpfen und zu springen. Fiona liebte Winny, das wusste ich. Aber sie hatte Angst vor ihr und auf Dauer tut das einem Pferd nicht gut. Ich war mir ziemlich sicher, dass Fiona wahrscheinlich das Springen eines Tages ganz aufgeben würde, vorausgesetzt sie behielt Winny überhaupt. Vielleicht wagte sie es ja zum Schluss noch nicht einmal mehr, die Stute zu reiten.

„Beeil dich, Sara! Wir kommen sonst zu spät“, forderte Fanny mich auf. Sie stand startbereit mit Shamira da.

„Okay“, sagte ich und im gleichen Augenblick kam Fiona in den Stall.

„Guten Morgen!“, grüßte sie uns verschlafen und unterdrücke ein Gähnen. „Ich gebe Winny nur ein wenig Heu, damit sie ruhig bleibt, wenn ihr wegreitet.“

„In Ordnung“, meinte ich und fügte mit strahlendem Gesicht hinzu: „Ich freue mich wirklich sehr, dass ich Jack haben darf. Er ist so toll.“

Fiona nickte und strich Jack über den Nasenrücken. „Ja, er ist mein Liebling“, bestätigte sie mir. „Der Beste auf der ganzen Welt. Du wirst heute sicher viel Spaß haben.“

„Kommst du auch und schaust zu?“, fragte Fanny, und Fiona nickte. „Ja, Papa und ich kommen so gegen zehn Uhr. Viel Glück euch beiden!“

Wir führten die Pferde aus dem Stall und saßen auf. Jack warf den Kopf hin und her und tänzelte aufgeregt. Er wusste, dass etwas Spannendes in der Luft lag, und ich schaffte es kaum aufzusitzen, weil er nur noch weg wollte.

„Ja, ja, du bist ein gutes Pferd“, lobte ich ihn und streichelte ihm den Hals. „Aber bitte keine Hektik, ja!“

Fanny saß auf und Shamira stand natürlich wundervoll still. Dann waren wir so weit und machten uns auf den Weg. Ich sah Winny durch die Stalltür und sie blickte mir mit ihren dunklen Augen nach. Sie wieherte gekränkt und mir war klar, dass sie gerne mit uns gekommen wäre, aber die Klassen, an denen sie teilnahm, starteten erst morgen. Ich nahm die Zügel auf und hoffte so sehr, dass Fiona mit Winny am kommenden Tag springen würde.

Kapitel 12

Die Turniere waren Teil einer Landwirtschaftsausstellung und wurden deshalb nicht in der Reitschule ausgetragen. Um zum Turnierplatz zu gelangen, mussten wir ein kurzes Stück an der Straße entlangreiten und danach einem Reitweg durch eine große Parkanlage folgen. Der Park war wunderschön angelegt. Ich konnte mich gar nicht satt daran sehen. Es gab riesige, wundervoll gepflegte Rasenflächen, viele ausgefallene Ziersträucher und einige Rosenrabatten, bei deren Anblick meine Mutter sicher ins Schwärmen geraten wäre. Mitten im Park lag ein großes, graues Steinhaus. Es sah halb wie ein Schloss und halb wie eine Ritterburg aus.

„Du erinnerst dich doch an den Alten mit dem Hund – der wohnt hier“, erklärte Fanny und nickte in Richtung des Hauses.

„Nein!“, stieß ich aus, „das ist ja ein richtiger Palast! Hier zu wohnen, das wär's!“

Fanny nickte. „Ja, das wäre irre. Natürlich nur, wenn man das nicht alles selbst putzen muss. Aber komm jetzt, wir müssen uns beeilen! Wir sind schon spät dran.“

Die Pferde waren lebhaft und Jack zog an den Zügeln. Ich hatte ihn im Verdacht, dass er genau wusste, was ihn erwartete, denn er ging in einem federnden Gang und mit hoch erhobenem Kopf dahin. Ich klopfte ihm den Hals und spürte, dass ich fast vor Freude platzte. Es war ein strahlender Morgen und ich saß im Sattel eines herrlichen Pferdes. Das Leben konnte nicht schöner sein!

Der Reitweg setzte sich in einem kleinen Hain mit Laubbäumen fort. Wir durchquerten ihn und kurz darauf lag schon das Gelände der Landwirtschaftsausstellung vor uns.

Überrascht sah ich mich um und versuchte mir einen Überblick zu verschaffen. Ich war davon ausgegangen, dass das nur ein kleines Clubturnier werden würde, aber hier wimmelte es vor Leuten und Pferden in allen Größen und Farben. Es gab edle Vollblüter und süße Ponys, kleine Reiter in weißen Reithosen, Stiefeln und Reitjacketts, Männer in Tweedjacken und Sportmützen und Damen in Kleidern mit Blumenmuster und eleganten Hüten.

Ein kleines, dickes, weißes Jagdpferd trabte mit einem ziemlich dicken Reiter auf dem Rücken an uns vorbei, und dann tauchten plötzlich ein paar mächtig große Shire Horses auf. Sie zogen den Bierwagen einer Brauerei. Ihr Stockmaß betrug sicher 180 Zentimeter. Beide waren Rappen und hatten eine Blesse und weiße Socken, die fast bis zu den Knien reichten. Sie sahen wirklich beeindruckend aus.

Genau in diesem Moment tauchten Cathy und Martin auf. Sie winkten uns zu und wir ritten zu ihnen.

„Puh, sind das viele Leute“, meinte Cathy und klopfte Shamira den Hals. „Wie verkraften die Pferde das?“

„Gut, glaube ich“, antwortete Fanny. „Wo ist eigentlich der Turnierplatz?“

Martin deutete mit der Hand auf etwas, das wie eine Tribüne aussah. „Dort hinten. Aber ihr habt noch ein wenig Zeit bis zu eurem Start. Sie sind dort gerade dabei, Kühe zu prämieren.“

„Kühe?“, fragte ich überrascht.

„Ja, warum nicht?“, fragte Martin lachend zurück. „Du weißt schon, das sind diese braunen Tiere mit Hörnern am Kopf und Eutern unterm Bauch. Da kommt Milch raus und ...“

„Papa, hör mit dem Quatsch auf!“, unterbrach Fanny ihn genervt. „Das ist wirklich nicht witzig!“

„Ja, ja, ist ja schon gut“, seufzte Martin. „Na, dann kommt mal mit! Wir haben unser ganzes Zeug dort hinten unter die Bäume gestellt.“

„Aber die Gymkhana-Spiele sollen doch um zehn Uhr beginnen und jetzt ist es schon Viertel vor“, entgegnete Fanny nervös. „Wir haben länger hierher gebraucht, als ich gedacht habe.“

„Keine Panik! Alles hat sich um eine halbe Stunde nach hinten verschoben, so wie das eben immer der Fall ist“, erklärte Cathy lapidar und ging dann mit Martin vor uns auf ein paar Leute zu, die am Rand des Ausstellungsgeländes standen.

„Wir müssen uns noch für den Start anmelden“ sagte Fanny und saß ab. „Komm, Sara!“

„Wir passen so lange auf die Pferde auf“, bot Cathy an. „He, seht mal! Das kommt ja Fiona.“

Die lief eilig auf uns zu. Ich erkannte sie kaum wieder. Sie trug ein schlichtes, aber sehr hübsches Kleid, das ihren schlanken Körper vorteilhaft betonte. Die Haare hatte sie hochgesteckt und an den Füßen trug sie ein paar schicke weiße Sandaletten. Ich beneidete sie um diese sommerliche Garderobe. Die Sonne stach inzwischen unbarmherzig von dem klaren blauen Himmel herab, und in Reitkappe, Reithosen und T-Shirt fingen wir jetzt schon an zu schwitzen.

Fanny und ich machten uns zum Büro auf und dabei sahen wir uns ein wenig um. Es gab drei verschiedene Wettkampfarenen. In der größten, neben der auch eine Tribüne und ein Zelt mit Erfrischungen aufgebaut worden war, war man tatsächlich gerade dabei, Kühe zu prämieren. Gerade fand die Siegerehrung statt und die erste Kuh in der Reihe bekam eine riesengroße, hellrote Schleife ans Halfter gesteckt. In der zweiten, etwas kleineren Arena legte ein schwarzweißer Border Collie gerade eine Geschicklichkeitsprüfung ab. Die dritte und kleinste Arena war leer.

„Ich hoffe, dass die Gymkhana-Spiele dort drinnen ausgetragen werden“, sagte ich und zeigte in die Richtung. „Dort ist nicht so viel Publikum.“

„Ich muss dich enttäuschen“, widersprach Fanny nervös. „Natürlich ist es in der großen Arena. Zumindest steht es so im Programmheft.“

Wir beeilten uns, ins Büro zu kommen. Kurz darauf waren wir auch schon angemeldet. Ich hatte einen Zettel mit der Nummer 10 bekommen und Fanny einen mit der Nummer 11.

Gleich darauf wurden alle Teilnehmer in die kleinste der drei Arenen geschickt. Sie diente als eine Art Sammelplatz. Es war eine sehr gemischte Reiterschar und alle ritten ohne Sattel. Ich erkannte verschiedene Pferde von der Reitschule wieder, unter anderem das Fjordpferd. Die zwei Mädchen auf ihren gescheckten Shetland-Ponys waren auch da, ebenso Megans Freundin Georgina. Sie gehörte genau wie Fanny und ich zu den ältesten Teilnehmern und ich empfand es als fast ein wenig albern, gegen solche Kleinkinder zwischen acht und neun Jahren antreten zu müssen.

Andererseits, überlegte ich mir, war ich hier, weil ich Spaß haben wollte und nicht, weil ich vorhatte, auf der Stelle alle Preise abzuräumen. Falls mein Vorsprung allzu groß werden sollte, dann würde ich Jack zurückhalten, damit die jüngeren Reiter eine fairere Chance bekamen, mich zu schlagen.

Die erste Disziplin war ein Slalomwettrennen. Wir waren sechzehn Teilnehmer und wurden in vier Gruppen aufgeteilt. Der Sieger jeder Gruppe kam ins Finale.

Während wir warteten, bis wir drankamen, betrachtete ich verstohlen meine Mitstreiter. In meiner Gruppe waren eine der beiden Schwestern auf ihrem gescheckten Shetland-Pony, ein rothaariges, sommersprossiges Mädchen auf einem dicken, trägen Schimmel sowie Fanny und ich.

Unsere Gruppe startete als zweite und als wir auf die Bahn hinausritten und uns in einer Reihe aufstellten, hatte ich das Gefühl, ein Pulverfass unter mir zu haben. Jack tänzelte auf der Stelle, bewegte den Kopf hin und her und kaute auf dem Gebiss. Als der Kampfrichter seine Fahne hob, nahm ich die Zügel auf und machte mich bereit. Im gleichen Augenblick wie der Start gegeben wurde, donnerte Jack los. Er wusste genau, was ihn erwartete, und ich hatte das Gefühl auf einem Expresszug ohne Bremsen zu sitzen. Sein Rücken war glatt und ich musste mich an der Mähne festklammern um nicht herunterzufallen. War ich froh, dass wir ihm nicht am Abend zuvor die Mähne eingeflochten hatten!

Obwohl Jack schnell lief, hatten wir keine Chance. Als wir vor Fanny und Shamira als dritte durchs Ziel kamen, hatten die kleinen Mädchen bereits ihre Pferde angehalten und gewendet um auf uns zu warten.

Das Mädchen auf dem Schimmel war mit Abstand am besten gewesen, erzählte Cathy uns hinterher. Sie hat auch den Slalom gewonnen. Der kleine, träge Schimmel, der ausgesehen hatte, als ob er auf der Stelle einschlafen würde, hatte später auf der Bahn keinen Schritt zu viel getan. Er war schnell wie der Blitz gelaufen und zielsicher und ganz dicht neben den Pfosten vorbeigeglitten. Mir war echt schleierhaft, wie die kleine Reiterin es geschafft hatte, sich dabei die Knie nicht anzuschlagen.

Danach stand Sackhüpfen auf dem Programm. Man musste von einem Ende der Reitbahn zum anderen galoppieren, vom Pferd springen, in einen Sack steigen, zurückhüpfen und dabei sein Pferd führen.

Ich gestehe, dass weder Fanny noch ich sehr erfolgreich bei dieser Disziplin abgeschnitten haben. Shamira spielte komplett verrückt, als sie sah, wie Fanny in einen Sack stieg und neben ihr zu hüpfen begann. Fanny musste abbrechen und schied aus. Und ich hatte nicht die geringste Chance gegen diese schnellen, kleinen Mädchen. Höchstwahrscheinlich hatten sie schon seit Monaten hart für diesen Wettkampf trainiert.

Verschwitzt, keuchend und total erschöpft hüpfte ich über die Ziellinie – als Letzte!

Und dann ging es mit den nächsten drei Disziplinen weiter. Beim Kartoffel-Wettlauf, wo man ohne Sattel eine Kartoffel auf einem Löffel balancierend zu einer Tonne reiten, diese umrunden und wieder zurückreiten musste, fiel mir die Kartoffel schon nach dem dritten Galoppsprung hinunter. Ich saß ab um sie aufzuheben und schaffte es anschließend nicht mehr aufzusitzen. Jack rannte in vollem Galopp um mich herum, so lange die Zügel reichten, und ich konnte ihn durch nichts davon abhalten. Er war einfach nicht zu beruhigen. Im Gegensatz zu mir fanden alle anderen das höchst amüsant.

Nächster Programmpunkt war der „Wäsche-aufhängen-Lauf". Dafür musste man in Paaren reiten und deshalb hatten Fanny und ich uns zusammen angemeldet. Ich begann und musste als Erstes im Galopp zu einer Tonne mit Kleidern reiten. Neben der Tonne war zwischen zwei Hindernisständern eine Wäscheleine gespannt. Daran mussten die Kleidungsstücke mit Wäscheklammern befestigt werden. Sobald ich damit fertig war, musste ich zu Fanny zurückreiten. Die musste auf Jack aufsitzen, zur Wäscheleine reiten und die Wäsche wieder abnehmen.

Aber so weit kamen wir gar nicht. Ich hatte nicht die geringste Chance, den völlig überdrehten Jack dazu zu bringen, still zu stehen, damit ich die Wäsche, die auf der Tonne lag, hätte nehmen können. Er lief stattdessen unter der Leine hindurch. Ich schaffte es gerade noch, mich zu ducken, verlor dann das Gleichgewicht und glitt von seinem Rücken. Daraufhin begann er wie ein Verrückter die wildesten Bocksprünge zu vollführen. Wäre Fiona nicht gekommen und hätte ihn eingefangen, dann wüsste ich wirklich nicht, wie das alles ausgegangen wäre.

Zum Glück hatte ich mich nicht verletzt, aber ich empfand es als ziemlich peinlich, dass ich mich schon wieder vor dem Publikum blamiert hatte. Humpelnd und rot wie eine Tomate verließ ich die Bahn.

Das letzte Spiel hieß „Reise nach Jerusalem". Mit zusammengebissenen Zähnen nahm ich mir vor, doch noch etwas Annehmbares an diesem Tag hinzubekommen. In der Mitte der Bahn standen eine Menge Stühle, aber es war ein Stuhl weniger als es Teilnehmer gab. Wenn die Musik aufhörte, musste man so schnell wie möglich vom Pferd absteigen und sich auf einen freien Stuhl setzen. Derjenige, der keinen Stuhl gefunden hatte, musste die Bahn verlassen, zusammen mit einem weiteren Stuhl, sodass es immer einer zu wenig war.

Dieses Mal wurden Fanny und ich nicht Letzte! Nicht zu glauben, aber wahr! Als Erste musste nämlich Georgina, Megans Freundin, ausscheiden. Sie und das rothaarige Mädchen mit dem Schimmel liefen auf den gleichen Stuhl zu, aber das kleine Mädchen erreichte ihn zuerst. Georgina verzog das Gesicht, zuckte dann mit den Schultern und führte sofort darauf ihr goldbraunes Pony von der Bahn. Ich selbst saß wieder auf Jack auf und spürte, wie mein Kampfgeist neu erwacht war. Ich würde es denen schon zeigen, die mich und Jack vorhin ausgelacht hatten!

Als Nächste schied Fanny aus und daraufhin musste ein langbeiniges, mageres Mädchen gehen, die das Fjordpferd der Reitschule ritt. Anschließend traf es einen Jungen mit einem Welsh Pony und einer viel zu großen Reithose, und schließlich verließ ein Mädchen mit einem weißen Shetland-Pony den Platz.

Nun begann es wirklich spannend zu werden. Wir trabten langsam um die Stühle in der Mitte, während ein zackiger Militärmarsch aus dem Lautsprecher dröhnte.

Plötzlich brach die Musik ab. Ich warf mich von Jack herab und lief auf den nächsten Stuhl zu. Aber nun hatte Jack genug von dem Spiel. Er blieb wie angegossen stehen und wollte mir nicht zu dem Stuhl folgen, den ich ausgesucht hatte. Ich musste mit ansehen, wie ein kleiner Junge mit einer großen Zahnlücke sich genau auf diesen Stuhl setzte. Sein schwarzes Pony legte die Ohren zurück und sah Jack so böse an, dass der keinen Schritt mehr nach vorne zu tun wagte.

So hieß es die Bahn verlassen und sich zu den übrigen Verlierern zu gesellen.

Wiederum gewann das kleine Mädchen mit dem schläfrigen Schimmel. Und als die Ergebnisse zusammengezählt wurden, stellte sich heraus, dass sie auch die Gesamtsiegerin des Tages geworden war. Sie bekam einen großen, silber glänzenden Pokal, eine Tüte mit Pferdeleckerlies und ein rotes Schleifchen für ihr Pony. Dann applaudierten wir begeistert und sie ritt mit dem Pokal im Arm eine Ehrenrunde im langsamen Galopp rund um die Bahn.

Nach den Gymkhana-Spielen war ich durstig wie ein Kamel und fix und fertig. Ich, die immer geglaubt hatte, so eine super Kondition zu besitzen. Das schien nicht der Fall zu sein. Im Vergleich zu mir war auf diesem Turnier jeder von den Kleinen hier ein Ausbund an Kraft und Ausdauer.

Wir gingen zur Decke, die Cathy im Gras ausgebreitet hatte, trösteten uns mit etwas Essen und sahen eine Weile den Leuten zu. Unsere Pferde standen an Bäumen angebunden in unserer Nähe. Wir hatten ihnen die Sättel abgenommen und Martin hatte zwei Eimer Wasser für sie geholt.

Eine gute Stunde später ritten wir in gemächlichem Tempo nach Hause und ließen die Pferde sofort auf die Weide. Winny freute sich wie verrückt, ihre Kameraden wieder zu sehen und wieherte aufgeregt im Stall. Fiona hatte uns gebeten, sie auch auf die Weide zu lassen. Das taten wir auch und die Stute tänzelte den ganzen Weg zur Koppel herum. Bald darauf weideten die drei friedlich nebeneinander, und Fanny und ich fuhren nach Hause um zu duschen und uns umzuziehen.

Es wurde ein schöner Nachmittag. Wir schafften es, Plätze auf der Tribüne zu finden und sahen uns dann alle Vorführungen an. Unter anderem ritt Grace mit einem Reiter ein Pas de deux zu Musik. Das ist eine Dressurvorstellung, bei der die Reiter genau das gleiche Programm auf je einer Hälfte der Bahn zeigen – so, als ob der eine das Spiegelbild des anderen wäre. Das gefiel mir sehr gut. Dann gab es eine Fahrvorführung mit vielen Gästen, die die verschiedensten Wagen lenken mussten. Es folgte ein Hundespringen, eine Kostümschau mit vielen kleinen Reitern aus der Reitschule und außerdem wurden dem Publikum einige Hengste aus der Gegend vorgeführt.

Der kleinste von ihnen war ein Mini-Shetland-Hengst, und zwar ein Tigerschecke. Er lief die ganze Zeit auf den Hinterbeinen. Der größte war einer von den beiden stattlichen schwarzen Shire Horses. Später am Nachmittag gab es ein Springturnier und erstaunlicherweise gewann der schläfrige, kleine Schimmel sogar das.

Er stand da und döste am Eingang zur Bahn vor sich hin, während seine rothaarige Reiterin mit hängenden Zügeln dasaß und das Mädchen beobachtete, das vor ihr ritt. Aber sobald sie dran waren und er die Bahn betrat, verwandelte er sich wieder in einen Blitz. Das Startsignal ertönte und schnell und elegant sprang er über alle Hindernisse. Sobald er jedoch die Ziellinie passiert hatte, blieb er abrupt stehen, senkte den Kopf und versuchte sich etwas von dem spärlichen Gras auf der Bahn zu Gemüte zu führen.

„Dieses Pony ist unglaublich“, sagte ich zu Fiona. „Im Prinzip hat es doch heute alles gewonnen.“

Fiona nickte. „Der kleine Schimmel heißt Silver, und früher sind Jack und er oft gegeneinander angetreten. Damals hat ihn eine von den älteren Schwestern geritten. Sie ist genauso alt wie ich. In dieser Familie gibt es nämlich sieben Kinder. Alle sind Mädchen und alle haben mit Silver an Turnieren teilgenommen, eine nach der anderen. Ich glaube, die, die ihn jetzt reitet, ist die Jüngste.“

Ich nickte und sah zum Eingang hinüber, wo das rothaarige Mädchen gerade absaß und Silver stürmisch umarmte. Ein paar andere langbeinige, rothaarige Mädchen kamen dazu sowie eine dicke Mama. Sie führte einen widerspenstigen Hund an der Leine.

„Wollt ihr ein Eis haben?“, fragte Fiona kurz darauf.

Fanny und ich nickten.

„Ich hole es. Ihr bleibt am besten hier, damit unsere Plätze in der Zwischenzeit nicht besetzt werden und wir beim Stichspringen stehen müssen“, sagte Fiona. „Was für ein Eis wollt ihr denn haben?“

Nachdem wir ihr unsere Wünsche mitgeteilt hatten, ging sie die Tribüne hinunter und verschwand in Richtung Caféteria-Zelt.

„Sag mal, ist dir nichts aufgefallen?“, fragte Fanny mich, als wir zusahen, wie die Bahn umgebaut und alle Hindernissen höher gestellt wurden.

„Nein“, erwiderte ich und blinzelte in die Nachmittagssonne. „Was soll sein?“

„Du hast heute noch kein einziges Mal diese Frau aus dem Flugzeug gesehen.“

Ich seufzte. „Hör auf damit! Warum musst du mich denn gerade jetzt an sie erinnern, wo es so schön ist?“

Fanny nickte nach unten und meinte: „Weil sie da unten an der Bahn steht und mit Fionas Vater redet.“

Ich folgte ihrem Blick und konnte feststellen, dass sie Recht hatte. Die beiden standen etwas abseits und sprachen miteinander, direkt neben einem kleinen Zelt, in dem Lose für einen Wohltätigkeitsbasar verkauft wurden. Beide schauten sehr ernst drein, und ich dachte besorgt im Stillen, dass das sicher etwas mit Winny zu tun hatte.

Vielleicht versuchte diese Frau da soeben Fionas Vater zu überreden, Winny an Megans Vater zu verkaufen. Zumindest hatte ich diesen Verdacht. Und eins war klar: Wenn Fiona das Turnier am nächsten Tag nicht gewann, dann blieb ihr nichts anderes übrig, als sich von ihrem Pferd zu trennen.

Kapitel 13

Am nächsten Morgen wachte ich mit einem nagenden Gefühl der Unruhe in der Magengegend auf. Ich drehte mich um und sah auf den Wecker. Es war noch nicht einmal sechs Uhr. Ich konnte also noch mindestens eine Stunde schlafen. Fannys und Shamiras Klasse würde nicht vor halb elf beginnen. Aber es war mir unmöglich, wieder einzuschlafen. Ich hörte Fanny im Bett nebenan tief atmen. Sie hatte abends zuvor nicht einschlafen können und wir hatten bis ein Uhr nachts gequatscht. Eigenartig, dass ich so früh aufgewacht war.

Ich dachte an die vergangenen Tage zurück und spürte wieder, wie mich ein tieftrauriges Gefühl erfasste. Fiona tat mir so Leid! Am Abend zuvor war sie mit mir und Fanny zusammen im Stall gewesen. Schweigend hatte sie Winny gewaschen und so lange gebürstet, bis das Fell wundervoll glänzte. Dann hatte sie ihr wie ein Profi die Mähne eingeflochten. Gleich darauf hatte sie uns eine gute Nacht gewünscht und war gegangen. Es war, als ob sie aufgegeben hätte, dachte ich sorgenvoll in meinem Bett. Vielleicht hatte sie sich ja schon dazu entschlossen, Winny zu verkaufen. Sie selbst wollte ja nicht mit ihr springen, und ihr Vater brauchte Geld. Verständlich, dass es sie da nicht besonders aufbaute, das Pferd für das letzte gemeinsame Springturnier zu putzen.

Ich schluckte, denn plötzlich wurde mir bewusst, dass ich mit Fandango auch nicht mehr an allzu vielen Turnieren teilnehmen konnte. Ich war jetzt sechzehn und in zwei Jahren war ich für ein Pony zu alt. Aber Fandango war erst zehn Jahre alt. Und ich wusste, dass er keinen Spaß an einfachen Spazierritten haben würde. Papa würde sicher vorschlagen, Fandango an jemanden zu verkaufen, der mit ihm Turniere reiten wollte.

Fanny erwachte. Mit einem Ruck setzte sie sich im Bett auf und sah mich verwundert an.

„Wie spät ist es? Haben wir verschlafen? Warum hast du mich nicht geweckt?", nörgelte sie.

„Reg dich nicht auf!", beruhigte ich sie. „Es ist erst zehn vor sechs. Wir können noch eine gute Stunde schlafen."

Fanny gähnte und streckte sich.

„Oh Gott, ich hatte einen Alptraum. Ich habe geträumt, dass wir an einem Turnier teilnehmen wollten, aber Shamira und ich erreichten einfach nicht das Turniergelände. Wir ritten und ritten, aber ständig passierte etwas, sodass wir uns immer mehr verspäteten."

„Das hab ich auch geträumt", gestand ich ihr. „Anscheinend ist das ein ganz normaler Traum, wenn etwas auf einen zukommt, wovor man sich fürchtet. Aber mach dich nicht verrückt! Heute wird alles gut gehen. Ich versprech's dir!"

Wir blieben noch liegen und redeten eine Weile, dann hörten wir Schritte die Treppe hochkommen und jemand klopfte an die Tür.

„Es ist Zeit aufzustehen", sagte Cathy, nachdem sie die Tür einen Spalt geöffnet hatte. „Ich hab euch das Frühstück vorbereitet."

Kurz darauf saßen wir unten in der Küche am Tisch. Ich war hungrig und aß zwei Toastscheiben: eine mit Käse und eine mit Marmelade. Fanny brachte noch nicht einmal eine halbe Scheibe hinunter. Sie wollte weder Kaffee noch Tee haben, sondern trank nur etwas Orangensaft.

„Ich bin so nervös", entschuldigte sie sich, als ich sie aufforderte, noch etwas zu essen. „Ich bekomme nichts mehr hinunter. Mir ist ganz schlecht.“

„Wir werden ein ordentliches Picknick mitnehmen“, versprach Cathy. Sie klang etwas beunruhigt. „Nach dem Turnier bist du sicher hungrig wie ein Wolf.“

Fanny nickte und dann brachen wir mit den Fahrrädern zum Stall auf.

Einige Stunden später waren Fiona, Fanny und ich wieder auf der Landwirtschaftsausstellung. Diesmal gab es hier nur Pferde. Ich entdeckte den schläfrige Schimmel von tags zuvor. Am Morgen hatte bereits ein Springwettbewerb stattgefunden und dem Schleifchen nach zu urteilen hatte er gewonnen. Schon wieder!

Shamira war genauso ruhig und freundlich wie am Tag zuvor, was man von Winny nicht gerade behaupten konnte. Den ganzen Weg zum Turniergelände war sie nervös im Schritt gegangen und jetzt, da wir unser Ziel erreicht hatten, konnte sie nicht eine Sekunde still stehen. Sie tänzelte wie eine Ballerina mit hoch erhobenem Kopf umher. Fiona wurde ärgerlich und versuchte sie zu beruhigen. Aber das war ein Ding der Unmöglichkeit.

Da Fannys Klasse um halb elf beginnen sollte, gingen wir kurz vor zehn die Bahn ab. Währenddessen kümmerten sich Cathy und Martin um Shamira, und Fionas Vater passte auf Winny auf.

Fiona wollte auch in der leichteren Klasse starten und deshalb schritten wir anfangs gemeinsam den Parcours ab. Bald jedoch trennte sie sich von uns. Mit verkniffenem Gesicht schritt sie höchst konzentriert die Abstände zwischen den Hindernissen ab und sah dabei wie eine professionelle Springreiterin aus. Aber als sich unsere Blicke zufällig trafen, sah ich die große Angst, die sich in ihren Augen spiegelte. Sie schaute schnell weg, denn sie ahnte sicher, dass ich wusste, wie es um sie stand. Wieder spürte ich dieses Gefühl der Unruhe in mir. Ich wünschte mir, ich hätte etwas für sie tun können, aber jeder muss mit seiner eigenen Angst klarkommen, sagt meine Mutter immer. Und wenn Fiona sich entschieden hatte, an dem Turnier teilzunehmen, dann musste sie da jetzt durch.

Fanny war sehr nervös. Als wir den Parcours ein zweites Mal abschritten, begann sie jedoch Mut zu fassen. Die Höhe der Hindernisse lag zwischen 70 und 80 Zentimetern, und es gab weder eine schwere Kombination noch sonst etwas Schwieriges. Ganz im Gegenteil! Der Parcours war leicht, er bestand aus nur insgesamt zehn Hindernissen und es gab genügend Platz.

Auf dem Abreiteplatz herrschte das totale Chaos und ich bemerkte, dass Fanny wieder nervös zu werden begann. Wir schafften es jedoch, eine ruhige Ecke zu finden und blieben ziemlich unbehelligt.

„Reite Volten im Trab und versuche leichtzutraben!", empfahl ich Fanny. „Und bleib ganz ruhig! Du schaffst das hier mit links."

Fanny nickte und tat, was ich ihr sagte. Shamira spürte, dass sie jetzt bald springen durfte und war plötzlich ganz geschäftig. Fanny musste heftig kämpfen um sie wieder dazu zu bewegen, ganz ruhig im Trab zu gehen. Als sie auf dem Abreiteplatz über ein Hindernis sprangen, hob Shamira viel zu weit vor der richtigen Absprungstelle ab und hätte Fanny beinahe aus dem Sattel geworfen.

„Das funktioniert nicht", jammerte Fanny verzweifelt und setzte sich mühsam wieder im Sattel zurecht. „Ich schaff das nicht. Warum hab ich mich bloß angemeldet? Wir werden uns schrecklich blamieren."

„Jetzt hör endlich mit diesem Gejammer auf!", wies ich sie streng zurecht. „Du springst jetzt noch einmal über das Hindernis. Reite im Trab darauf zu und wechsle dann für die letzten Schritte davor in einen ruhigen Galopp!"

„Ich will nicht", widersprach Fanny. Aber ich ließ mich nicht erweichen.

„Spring!“

In diesem Moment kam im Lautsprecher die Durchsage, dass der nächste Reiter dran sei und danach Fanny an die Reihe käme. Als sie ihren Namen hörte, nahm sie die Zügel auf und bekam einen ganz entschlossenen Blick – und Shamira, die spürte, dass Fanny sich wieder gefangen hatte, sprang ruhig und anstandslos über das Hindernis.

„So, gleich seid ihr dran“, sagte ich. „Viel Glück!“

Fanny bedankte sich mit einem etwas verkniffenen Gesichtsausdruck und ritt zum Funktionär, der sie auf den Parcours ließ.

Ich lief zu Cathy und Martin, die am Zaun standen und warteten. Cathy hielt die Videokamera bereit und Martin klammerte sich an ein kleines, abgenutztes Stoffkaninchen.

„Das darf ja nicht wahr sein“, stieß ich erstaunt hervor und deutete auf das Stofftier. „Was macht denn Klein-Molli hier?“

Fannys Vater lächelte etwas verschämt. „Das war doch immer Fannys Maskottchen, als sie noch klein war. Ich dachte, es könnte ihr auch heute Glück bringen.“

Zugegeben, meine Eltern kamen manchmal auch auf die verrücktesten Ideen, aber Fannys Vater schoss den Vogel ab. Wie auch immer, er meinte es nur gut!

Fanny ließ Shamira im hinteren Teil des Parcours entspannt im Trab gehen, und dann kam auch schon das Startsignal. In ruhigem Galopp ritt sie auf das erste Hindernis zu ... das zweite ... und das dritte. Das vierte Hindernis, eine kleine Mauer, lag direkt hinter einer Kurve, und ich merkte, dass Shamira sie falsch ansteuerte. Aber sie war ein kluges Pferd und konnte es ausgleichen. Der Sprung gelang, ohne dass sie riss. Der Rest lief gut und als Fanny über die Ziellinie ritt, strahlte sie übers ganze Gesicht und klopfte Shamira glücklich den Hals.

„Der Durchgang war fehlerfrei“, jubelte sie, als sie herausgeritten kam.

Wir liefen zu ihr und gratulierten ihr. „Herzlichen Glückwunsch!“, sagte ich.

Fanny glitt von Shamira herab und umarmte sie. „Vielleicht bekommst du sogar eine Schleife."

„Ich glaube, alle mit einem fehlerfreien Ritt werden platziert", meinte Cathy stolz. „Oh, wie schön für dich, meine Kleine!"

Im gleichen Moment stürmte etwas Braunes wie ein Wirbelwind auf den Parcours und ich drehte mich schnell um, um zu sehen, wer es war. Fiona und Winny kamen dran und Winny war ganz in ihrem Element. Sie trabte nicht, sondern schien ein paar Zentimeter über dem Boden in der Luft zu schweben. Als das Startsignal erklang und Fiona sich mit ihr dem ersten Hindernis zuwandte, warf sie sich sofort darauf. Fiona hatte nicht die geringste Chance, die Stute zu stoppen. Winny flog über die ersten beiden Hindernisse und Fiona hing schräg im Sattel. Verzweifelt versuchte sie Winny zu zügeln, die sofort Hindernis Nummer drei in Angriff nahm und in einem fantastischen Stil mit sicher einem Meter Zwischenraum drübersprang.

„Oh Gott!", stieß ich besorgt hervor, denn ich sah, wie Fiona vergeblich versuchte, Winny zur Mauer hin zu dirigieren, die es als Hindernis Nummer vier zu bewältigen galt. Aber sie schaffte es nicht. Winny hatte bereits entschieden, wohin sie springen wollte. In der nächsten Sekunde mussten die Leute blitzschnell zur Seite springen, weil Winny über den hohen, weißen Zaun flog und die Bahn verließ.

In schnellem Galopp lief sie ein ganzes Stück über das große Feld dahin, bis es Fiona endlich gelang, sie zum Stehen zu bringen, indem sie immer kleinere Volten ritt.

„Zum Glück ist das noch mal glimpflich abgegangen!", rief Cathy erschrocken und gleichzeitig erleichtert aus.

Fionas Vater lief auf seine Tochter zu, und ich sah, wie Fiona von der Stute heruntcrglitt. Ich konnte mir vorstellen, wie sie sich fühlte. Fandango war anfangs genauso ausgelassen und wild gewesen. Aber der Unterschied zwischen Fiona und mir war, dass ich keine Angst vor dem Temperament meines

Pferdes hatte. Ganz im Gegenteil! Ich liebte es, wenn es schnell lief. Abgesehen davon konnte ich mich hundertprozentig auf mein Pferd verlassen.

Fiona und ihr Vater kamen langsam mit Winny auf uns zu. Fiona war schneeweiß im Gesicht und sah aus, als ob sie jeden Augenblick zu weinen beginnen würde. Winny hielt den Kopf gesenkt. Sie atmete heftig und war schweißnass.

Im Lautsprecher knackte es und dann betete der Ansager die Namen der Reiter herunter, die sich platziert hatten. Winny hob den Kopf und schreckte vor dem Lärm zurück. Ich ging ganz spontan auf sie zu und nahm ihre Zügel. Fionas und mein Blick trafen sich. Sie sah mich so bedrückt an. Dann nickte sie und ich nahm Winny und begann sie umherzuführen.

Ich ging so, dass ich die Preisverleihung mitverfolgen konnte. Fannys strahlendes Gesicht, als sie und Shamira eine Schleife bekamen, leuchtete bis zu mir herüber. Ich freute mich für sie, und wäre da nicht Fionas Problem gewesen, hätte der Tag perfekt sein können.

Ich strich Winny über den schweißnassen Hals.

„Meine Kleine“, flüsterte ich, „du kannst ja nichts dafür, dass du so viel willst.“

Die Stute stellte ein Ohr in meine Richtung auf und stupste mich dann leicht mit ihrem Maul an. Sie hatte sich wieder beruhigt. Wahrscheinlich war sie müde nach dem Ritt und ihre Anspannung hatte sich gelegt. Ich klopfte ihr noch einmal den Hals und sie sah mich mit ihren großen, dunklen Augen an.

„Ich wünschte, ich könnte dich mit nach Hause nehmen“, flüsterte ich Winny zu. „Du bist so großartig. Papa würde dich ganz bestimmt sofort ins Herz schließen und wir haben zu Hause im Wald ein tolles Gelände für Querfeldeinrennen. Es würde dir gefallen.“

Da kam Fionas Vater auf uns zu und fragte mich, ob ich eine Kleinigkeit essen wollte. Gleich darauf saßen wir alle mit Fanny und ihren Eltern zusammen im grünen Gras und picknickten. Fiona saß ganz still da und aß nichts. Sie trank ab und zu einen Schluck aus einer Cola-Dose. Ansonsten starrte sie nur vor sich hin. Ich fragte mich, ob sie es tatsächlich wagen sollte, in der nächsten Klasse anzutreten. Sie tat mir so wahnsinnig Leid. Aber was konnte ich schon tun, außer ihr die Daumen zu drücken und zu hoffen, dass alles gut ging?

Eine Weile später war es Zeit für die schwierigere Klasse und als ich die Hindernisse sah, wurde mir ganz schwindelig. Da standen keine kleinen, leichten Hindernisse mehr. Nun wurde es bitterer Ernst!

Als Fiona ging, um sich den Parcours anzusehen, begleitete ich sie. Ich war neugierig, was der Parcours-Chef sich ausgedacht hatte und wie der Parcours geritten werden musste.

Während wir mit allen Reitern den Parcours abgingen, wünschte ich mir plötzlich, Fandango wäre hier. Zugegeben, die Hindernisse hatten es in sich. Aber ich war mir sicher, Fandango hätte sie problemlos geschafft, denn er war ein großer Springer und außerdem mutig.

Ich schritt den ganzen Parcours ab und tat so, als ob ich bei dem Springen dabei sein würde. Ich schätzte die Abstände zwischen den Hindernissen ab, überlegte mir den besten Weg und versuchte herauszufinden, wo die Schwierigkeiten lagen. In dieser Klasse starteten nicht allzu viele. Als ich wieder zu den anderen zurückkam, war Fiona mit Winny schon auf den Abreiteplatz geritten.

Ich ging hin um zu sehen, ob sie vielleicht Hilfe brauchte, aber eigenartigerweise sah ich sie nirgendwo. Für einen Moment überlegte ich mir, ob Fiona vielleicht das Handtuch geworfen hatte und nach Hause geritten war? Nein, das konnte nicht sein! Sie musste doch wenigstens den Versuch unternehmen, das Geld zu gewinnen, und Winny war es mit Sicherheit wert, eine zweite Chance an diesem Tag zu bekommen.

Im gleichen Moment hörte ich Fiona nach mir rufen. Erstaunt drehte ich mich um. Sie stand hinter einem Pferdetransporter, hielt Winny an den Zügeln und winkte mir zu kommen. Besorgt lief ich zu ihr. Was war passiert? Warum war sie nicht auf dem Abreiteplatz? War sie abgeworfen worden oder hatte Winny sich verletzt?

Hinter dem Pferdetransporter war es ganz ruhig und still und kein Mensch war zu sehen. Ich klopfte Winny den Hals und fragte Fiona, ob alles in Ordnung sei.

„Ich will da nicht mehr mitmachen“, gestand sie leise. Erst jetzt bemerkte ich, wie blass sie war. Es schien, als ob sie geweint hätte. Ihre Hände, die Winnys Zügel hielten, zitterten. Ich hätte ihr so gerne etwas Aufmunterndes gesagt, aber mir fiel nichts ein.

„Na hör mal! Klar machst du da mit“, drängte ich sie. „Winny ist ein fantastisches Pferd. Und ihr werdet gewinnen.“ Fiona nahm die Reitkappe ab und fuhr sich mit der Hand durchs Haar.

„Nein, ich will nicht. Ich habe mich entschieden. Ich werde nie wieder springen.“

„Aber du musst!“, versuchte ich sie zu überzeugen. „Winny ist viel zu gut um nur auf der Weide zu stehen und nichts zu tun.“

Fiona sah mich wortlos an und ich fragte mich, ob ich vielleicht irgendetwas Falsches gesagt hatte. Dann schwiegen wir beide.

Von der Reitbahn her war das Startsignal für den ersten Reiter dieser Klasse zu hören. Das Gemurmel des Publikums vermischte sich mit der Stimme des Ansagers im Lautsprecher, der nun alle Namen von Ross und Reitern herunterbetete.

„Hier! Nimm du sie!“, forderte Fiona mich plötzlich auf und streckte mir die Zügel hin.

„Ich?“, stieß ich erstaunt hervor. „Ich kann doch nicht mit Winny hier bei diesem Turnier antreten?“

„Warum denn nicht? Ich habe dich Jack reiten sehen. Du bist gut und du hast Mut. Und ich habe dich dabei beobachtet, wie du den Parcours abgeschritten bist. Als ob du am liebsten selbst reiten wolltest.“

„Aber ich hab doch gar keine Turnierklamotten“, wandte ich ein.

„Wir können unsere Sachen tauschen“, schlug Fiona vor. „Wir haben ungefähr die gleiche Kleidergröße, auch wenn ich ein wenig größer bin als du.

Ich starrte Fiona an. Mein Herz schlug wie verrückt in meiner Brust und mein Mund war ganz trocken vor Aufregung.

„Du bist ja verrückt!“, stieß ich hervor. „Ich kann doch nicht ... “

„Natürlich kannst du“, ließ Fiona nicht locker und zog ihr Reitjackett aus. „Komm schon! Du hast doch selbst gesagt, dass Winny es wert sei ... Oder etwa nicht?“

Sie sah mich todernst an und ich spürte, dass sie das, was sie da sagte, auch ganz genauso meinte. Ich starrte sie schweigend an, dann schaute ich Winny an. Sie blickte mich mit ihren großen Augen an und plötzlich wusste ich, dass ich es tun musste. Ich musste es zumindest versuchen!

„Also dann“, sagte Fiona ein paar Minuten später, als ich ihre Reitsachen anhatte. „Du musst auf den Abreiteplatz. Du hast nicht mehr viel Zeit.“

„Aber darf ich denn überhaupt an deiner Stelle reiten?“, fragte ich sie, denn plötzlich wurde mir bewusst, dass wir da vielleicht Probleme bekommen könnten.

„Du bist doch Mitglied im Reitclub und gestern hast du auch an Wettbewerben teilgenommen. Ich laufe schnell ins Büro und bitte sie, deinen Namen gegen meinen auszuwechseln. Viel Glück!“

Ich stellte meinen Fuß in den Steigbügel und schwang mich auf Winnys Rücken. Es war ein ganz anderes Gefühl auf ihr zu sitzen als auf Fandango. Vor mir hatte ich einen langen, schmalen Hals mit perfekt geflochtenen Zöpfchen und ein paar lange Ohren, die sich unruhig hin und her bewegten. Mir war klar, dass sie nicht ganz verstand, was wir Menschen da vorhatten. Beruhigend strich ich ihr mit der Hand über den

Hals und redete leise auf sie ein. Dann atmete ich tief durch, nahm die Zügel kürzer und richtete mich im Sattel auf . Ich flüsterte Winny zu, dass es nun nur noch uns zwei gab, sie und mich, und dass wir jetzt allen beweisen wollten, was wir konnten.

Kapitel 14

Als wir kurz darauf auf den Abreiteplatz zuritten, kam Fiona schon wieder angelaufen.

„Es ist in Ordnung“, rief sie und winkte mir zu. „Du bist angemeldet.“

Ich nickte und ritt auf den Platz. Dann konzentrierte ich mich wie nie zuvor in meinem ganzen Leben.

Auf dem Parcours ritt gerade die Startnummer vier. Insgesamt starteten elf Teilnehmer und wir waren Nummer zehn. Bis jetzt war noch keiner von ihnen fehlerfrei geritten, das hieß, dass die Bahn bedeutend schwerer war, als sie aussah.

Für mich galt es nun ganz schnell herauszufinden, wie Winny geritten werden musste, welche Hilfen sie brauchte und wie sie darauf reagierte. Sie war immer noch völlig überdreht und wäre am liebsten losgestürmt. Ich saß jedoch ganz gelassen im Sattel und ließ mich von ihr nicht aus dem Konzept bringen. So beruhigte sie sich allmählich und unterließ schon bald ihre Versuche auszubrechen. Ab und zu schüttelte sie zwar noch den Kopf, und sie legte einen gehörigen Bocksprung ein, als ich ihr die erste Galopphilfe gab. Aber jemanden wie mich, der ein Pony namens Camigo eingeritten hatte, schreckten auch die schlimmsten Bocksprünge nicht.

Die Reiter Nummer fünf, sechs und sieben machten sich

zum Parcours auf, und für mich war es höchste Zeit, mit dem Springen zu beginnen. Ich bat Fiona, die Stange auf nur 50 Zentimeter Höhe zu legen. Dann ließ ich Winny an das Hindernis herantraben. Sie stürmte sofort los, genauso wie ich das schon so viele Male bei ihr und Fiona beobachtet hatte. Aber statt sie zu zügeln, ließ ich ihr freien Lauf. Sie sprang einige Meter zu früh ab, flog über das niedrige Hindernis und dann landeten wir zusammen auf der anderen Seite.

Ich gab eine halbe Parade, und erstaunt verlangsamte Winny den Schritt. Sie schien überrascht zu sein, dass sie praktisch genau das hatte tun dürfen, was sie wollte, nämlich springen. Ich begriff instinktiv, dass ich sie einfach machen lassen musste und ihr nicht hineinreden durfte. Dann würde sie alle Hindernisse problemlos nehmen.

Wir sprangen noch ein paarmal, dann ließ ich Winny am langen Zügel im Schritt gehen und klopfte ihr den Hals.

„Willst du denn die Stange nicht höher legen?“, fragte mich Fiona erstaunt.

Ich schüttelte den Kopf. „Nein, das ist nicht nötig“, erwiderte ich seelenruhig. „Das hier reicht. Ich weiß jetzt, wie sie springt.“

Eigentlich hätte ich zu Tode erschrocken sein müssen. Oder zumindest schrecklich nervös. Schließlich musste ich hier auf dem Parcours Hindernisse von fast 130 Zentimetern überspringen, und das mit einem Pferd, auf dem ich gerade mal eine Viertelstunde saß. Im Grunde genommen war das der reinste Selbstmord.

Trotzdem spürte ich, dass alles rundum stimmte. Ich kann es mir nur so erklären, dass Winny und ich einfach die gleiche Wellenlänge hatten. Sie merkte, dass ich keine Angst hatte und das Gleiche wollte wie sie. Deshalb gab sie ganz schnell ihren Widerstand gegen mich auf und tat stattdessen das, worum ich sie bat. Es war, als ob wir zwei Freunde geworden wären, die sich endlich nach langer Zeit gefunden hatten.

„Sag mal, Sara! Was machst du denn da?“

Cathy stand am Zaun und winkte mir. Ich ritt im Schritt auf sie zu.

„Was ist los? Warum reitest du Winny?“, fragte sie mich mit einem besorgten Unterton. Ich versuchte ganz ruhig und fast ein wenig unbeteiligt zu klingen, als ich ihr erklärte, dass ich Fiona versprochen hatte, ihren Part zu übernehmen.

„Du bist nicht ganz gescheit!“, stieß Cathy empört hervor. „Deine Eltern würden niemals zulassen, dass du diesen Parcours hier auf einem Pferd reitest, das du nicht kennst und ...“

„Doch, das würden sie bestimmt“, versuchte ich sie zu beruhigen. „So, wir sind jetzt dran. Drück uns die Daumen!“

„Aber ...!“, setzte Cathy an, wurde aber vom Lautsprecher unterbrochen, der mich und Winny aufrief.

Ich ritt im Schritt zum Tor und begegnete dort dem Reiter, der gerade den Parcours verließ. Es war ein magerer Junge auf einem hochbeinigen Braunen. Er hatte acht Hindernisse gerissen. Drinnen versuchten die Funktionäre gerade, alles wieder in den ursprünglichen Zustand zu versetzen.

Ich brachte Winny zum Stehen und wartete darauf, hineinreiten zu dürfen. Plötzlich sah ich Megan und ihre Freundin Georgina am Eingang stehen. Megan war als Nummer sieben gestartet und bis jetzt die einzige Reiterin mit einem fehlerfreien Ritt in dieser Klasse. Sie führt und versucht den Parcours fürs Stechen auswendig zu lernen, dachte ich im Stillen.

Als sich unsere Blicke trafen, war Megan im ersten Moment total verwirrt. Dann beugte sie sich zu Georgina vor und flüsterte ihr etwas ins Ohr. Die starrte mich daraufhin an, und ich konnte nicht anders, ich musste lächeln. Ich dachte so für mich, dass zumindest das hier eine Sache war, in die sich Megans Vater nicht einmischen konnte – so gerne er das sicherlich auch getan hätte.

Als wir hineinritten und durch den Lautsprecher noch einmal mein und Winnys Name angekündigt wurde, herrschte im nächsten Augenblick Totenstille. Die Tribüne war voll besetzt, und ich hatte das Gefühl, als ob uns alle feindlich anstarrten.

Ich strich Winny über den Hals und die Stute schnaubte. „So, jetzt gibt es nur noch dich und mich“, flüsterte ich ihr zu. „Komm, jetzt zeigen wir ihnen, was wir können!“

Im gleichen Moment erklang das Startsignal. Ich atmete tief durch, trabte in einem Bogen in eine kleine Volte, setzte dann zum Galopp an und bewegte mich auf das erste Hindernis zu – einen rotweißen Oxer.

Ich hatte erwartet, dass Winny auf das Hindernis so zupreschen würde, wie sie das vorhin am Abreiteplatz getan hatte, aber genau das tat sie nicht. Stattdessen lief sie in einem kurzen Galopp an und flog dann in einem perfekten Sprung über das Hindernis. Genauso leicht glitt sie über das nächste, ein Torgatter. Und dann kam die Mauer. Es war immer noch ganz still auf der Tribüne. Das Einzige, was zu hören war, war das dumpfe Dröhnen von Winnys Hufen auf dem Gras, das Knarzen des Sattels und mein Atmen. Ich hatte das Gefühl, wie in einem Traum zu reiten. Die Hindernisse reihten sich aneinander und wir sprangen darüber, als ob sie kinderleicht wären.

Dann schwenkten wir nach links, und eine Zweierkombination tauchte vor uns auf. Zuerst ein Steilsprung, dann ein Oxer.

Wir sprangen genau richtig ab, flogen hoch über das erste Hindernis, landeten ... tadadam, tadadam, Absprung, hoch in die Luft und über das zweite Hindernis – und schon lag die Kombination hinter uns und wir bewegten uns auf das nächste Hindernis zu. Es war weiß und wieder ein Steilsprung. Sie bestand aus vielen Stangen. Nach dem allerletzten Hindernis, einer Triplebarre, lockerte ich die Zügel und ließ Winny in schnellem Galopp zur Ziellinie laufen. Sie ergriff sofort die Chance und legte gleich noch einen übermütigen, kleinen Bocksprung ein.

Lachend verließ ich im Trab und mit hängenden Zügeln den Parcours und wurde von einer glücklichen, übers ganze Gesicht strahlenden Fiona empfangen.

Fanny, Cathy und Martin kamen angelaufen, und gleich darauf tauchte auch Fionas Vater auf. Alle redeten wild durcheinander, klopften Winny den Hals und gaben ihr Zuckerstücke.

„Los, beeil dich!", forderte Fiona mich auf und ergriff Winnys Zügel. „Du musst dir jetzt sofort den Parcours fürs Stechen ansehen. Komm, du hast nicht viel Zeit!"

„Okay", sagte ich und glitt von Winnys Rücken herab. Fanny legte ihr eine Decke auf, damit der Rücken und das Kreuz warm gehalten wurden, und führte sie dann umher. Währenddessen machte ich mich auf um die Bahnskizze zu studieren. Auf dem Weg dorthin begegnete ich Megan. Sie zog die Augenbrauen hoch und warf mir einen feindseligen Blick zu. Mir war klar warum: Mit einem fehlerfreien Ritt von mir und Winny hatte sie nicht gerechnet und jetzt musste sie voll aufs Stechen setzen. Und sie war gut! Ich hatte vorhin ihren Ritt zum Teil gesehen. Ihr Rappe sprang mindestens genauso gut wie Winny und hatte zudem bestimmt wesentlich mehr Erfahrung.

Auf dem Parcours hatte der letzte Reiter gerade das letzte Hindernis gerissen und damit hatten wir den ersten Durchgang hinter uns gebracht. Die einzigen beiden Reiterinnen, die ins Stechen kamen, waren Megan mit ihrem Rappen und ich mit Winny.

Die Funktionäre legten für das Stechen die Stangen bei den Hindernissen höher und ich spürte, wie tausende Schmetterlinge in meinem Magen zu tanzen begannen. Ich nahm mir vor, nicht zu kontrollieren, wie hoch sie lagen ... Natürlich war ich viel mit Fandango gesprungen, aber das hier war wesentlich höher als die Ponyklassen, in denen ich zu Hause gestartet war.

Ich ging im Geiste den Parcours ein letztes Mal durch. Er hatte es in sich. Es waren einige sehr enge Kurven eingebaut. Mit einem schnellen, wendigen Pferd konnte das sicher eine große Herausforderung sein. Aber als ich zu Winny und den anderen zurückging, wurde mir plötzlich klar, dass ich ja überhaupt nicht wusste, ob Winny überhaupt schnell wenden konnte. Oder ob sie die Bögen voll ausreiten musste um gut springen zu können. Wie viel Erfahrung hatte sie? War sie schon jemals bei einem Stechen angetreten?

Ich fragte Fiona. Die strahlte mich nur an und bestätigte mir, dass Winny selbstverständlich ein schnelles Springpferd sei. Mir war nicht klar, ob sie damit meinte, dass Winny ganz allgemein schnell sei ober ob sie damit ausdrücken wollte, dass Winny auch wendig sei. Als der Lautsprecher abermals knackte und der Ansager verkündete, dass in zehn Minuten der erste Start für das Stechen sei, begriff ich, dass ich das nun selbst herausfinden musste.

Ich kontrollierte den Sattelgurt und saß auf. Winny kaute auf dem Gebiss und warf den Kopf hin und her. Während ich im Schritt mit ihr zum Abreiteplatz ritt, versuchte ich noch einmal im Geist den Parcours durchzugehen. An mehreren Stellen gab es Alternativen: entweder einen kurzen, schnellen oder einen etwas längeren, aber dafür sichereren Weg zu wählen. Mit Fandango wäre die Wahl des Weges völlig klar gewesen – der kürzeste Weg bedeutet Sieg. Aber die Frage hier war, wie hoch ich mit Winny pokern konnte. Megan wurde aufgerufen, und während ich mit Winny im Trab umherritt, versuchte ich zumindest den Anfang ihres Ritts zu sehen. Sie machte ihre Sache wirklich gut, daran gab es nichts zu rütteln. Betrübt dachte ich daran, dass Winny es vielleicht ja doch sehr gut bei ihr hätte, vorausgesetzt natürlich, Fiona würde sich dazu entschließen, ihr Pferd zu verkaufen.

Megan ging fehlerfrei durchs Ziel und nach dem Jubel des Publikums zu schließen, musste es sogar noch eine gute Zeit gewesen sein. Es würde also sehr schwer für mich werden, sie zu schlagen. Aber aufzugeben, noch ehe ich den Parcours betreten hatte, war nicht mein Stil!

Ich atmete tief durch. Dann ritt ich zum Tor am Einlass. Megan kam gerade mit ihrem Wallach heraus. Freudestrahlend sprang sie aus dem Sattel und umarmte ihr Pferd. Ich warf den beiden einen letzten Blick zu, dann lenkte ich Winny im Trab auf den Parcours. Sie bewegte sich leicht, schnaubte und versuchte ganz von selbst in den Galopp zu wechseln, ohne dass ich ihr die geringste Hilfe dazu gegeben hätte. Ich lachte innerlich über ihren Eifer und schaffte es über einen Bogen wieder in den Trab zurückzukehren. In diesem Moment erklang das Startsignal.

Ich wechselte in den Galopp und lenkte Winny in ziemlich schnellem Tempo auf den ersten Oxer zu. Der war nun höher und bedeutend breiter und ich spürte ein ziehendes Gefühl von Angst in mir, als er sich vor uns auftürmte. Aber für Winny gab es kein Zögern. Genau wie vorhin schätzte sie den Abstand perfekt ein und flog wie ein Vogel über das Hindernis.

Ab dem Moment war meine Angst wie weggeblasen und ich begann instinktmäßig zu reiten. Winny spürte das. Sie reagierte blitzschnell auf meine Hilfen, als ob sie Gedanken lesen könnte. Und ohne lange zu überlegen, wählten wir den kürzesten Weg zwischen allen Hindernissen. Ich fragte mich nachher, wie dieses große, mit weiten Schritten galoppierende Pferd einem Pony gleich in Windeseile einen Bogen machen konnte. Es war, als ob wir ein Wesen mit einem einzigen, gemeinsamen Wunsch wären: nämlich die Hindernisse, die vor uns lagen, fehlerfrei und so schnell wie möglich zu überwinden.

Die beiden letzten Hindernisse waren nicht nur die höchsten auf dem Parcours, sondern zwischen diesen beiden musste eine ganz scharfe Kurve geritten werden. Oder eine lange, sanfte Kurve – wenn man lieber vor der Mauer reiten wollte, die quer und genau dazwischen stand. Ich hatte mich immer noch nicht entschieden, ob ich das Risiko eingehen und den kürzesten Weg wählen sollte. Das letzte Hindernis war die jetzt enorm hohe Triplebarre, und um sie zu schaffen, brauchten wir Tempo, Kraft und einen ordentlichen Anlauf.

Bei dem vorletzten, weiß gestrichenen Steilsprung handelte es sich um ein Koppelrick. Vor dieser Art Hindernis hatte ich einen Riesenbammel und ich weiß nicht, wie oft ich Fandangos Vorderhufe an die oberste Stange habe anschlagen hören, wenn wir zu Hause an Turnieren teilgenommen hatten. Das durfte jetzt auf keinen Fall passieren.

Wenn Winny das Rick schaffen sollte, dann durfte sie weder schnell noch flach darüber springen, denn dann würde sie es unweigerlich reißen. Ich setzte mich kerzengerade in den Sattel und machte eine leichte halbe Parade. Winny gehorchte sofort und ich konnte spüren, wie sie bei jedem Schritt weiter mit den Hinterbeinen untersetzte um so viel Kraft wie möglich vor dem Absprung zu sammeln. Sie hob sich fast senkrecht in die Luft und ich ging mit der Bewegung mit und ließ sie gewähren.

Wir landeten auf der anderen Seite ohne das Hindernis gestreift zu haben, und noch bevor ich bewusst einen Gedanken fassen konnte, hatte ich mich schon entschieden. Und Winny – sie wusste, was ich gedacht hatte. Ohne dass ich sie dorthin gelenkt hätte, ritten wir schon hinter der Mauer – mit Hilfe einer engen, schwierigen Kurve, in die ich mich wahrscheinlich noch nicht einmal mit Fandango gewagt hätte.

Ein paar Galoppsprünge danach kam mir voll zu Bewusstsein, was das für ein total wahnsinniger Weg war. Vor uns lag die große Triplebarre, und mir war schleierhaft, wie wir da jemals drüberkommen sollten. Es war schon schwer genug, wenn man gerade darauf zuritt. Wie sollte das denn erst funktionieren, wenn man schräg auf sie zukam? Eine tausendstel Sekunde lang sah ich ein Schreckensszenario vor meinem geistigen Auge vorbeiziehen: Winny und ich in einem einzigen Gewirr von gelbweißen Stangen, ausschlagenden Pferdebeinen und umherfliegenden Grasbüscheln.

Aber Winny wusste, was sie tat. Die letzten Schritte bis zum Hindernis streckte sie sich und vergrößerte die Sprünge. Ich saß ganz still da, hielt mich mit den Schenkeln fest und versuchte sie so wenig wie möglich zu stören. Ich vertraute ihr, weil ich wusste, dass sie ihr Letztes geben würde, wenn sie nur in Frieden gelassen wurde und wenn ich sie gewähren ließ.

Aber Winny hatte den Abstand falsch berechnet! Wir sprangen zwar gut ab, aber zu weit vom Hindernis entfernt. Das war nicht nur hoch, sondern auch noch breit. Ich ließ die Zügel zwischen den Fingern durchgleiten um Winny die größtmögliche Bewegungsfreiheit zu geben und hatte dann das Gefühl, als ob wir eine Ewigkeit fliegen würden. Mitten über dem Hindernis ruckte Winny, als ob sie sich noch etwas länger machen wollte, und plötzlich hörte ich ein dumpfes Geräusch. Mir war klar, dass sie mit den Hinterhufen an der Stange angeschlagen hatte und vor Enttäuschung verkrampfte sich mein Magen ... Vier Fehler! Verdammt!

Winny setzte nicht ganz korrekt auf der anderen Seite des Hindernisses auf, fing sich jedoch schnell wieder. Ich lockerte die Zügel und ließ sie in vollem Galopp über die Ziellinie laufen. Dann hielt ich sie an und klopfte ihr den Hals.

Das Publikum jubelte und klatschte Beifall und ich trabte zufrieden in Richtung Ausgang. Schade, dass wir das letzte Hindernis gerissen hatten, aber was für einen fantastischen Ritt hatte ich da miterleben dürfen. Einfach unglaublich! Und mir wurde klar, dass ich wohl nie wieder so ein großartiges Pferd wie Winny reiten würde.

„Ja, hier haben wir den Sieger dieser Klasse", tönte der Lautsprecher, als ich im Schritt mit Winny am langen Zügel den Parcours verließ. Erstaunt wandte ich den Kopf um und sah in Richtung Triplebarre. Es lag keine Stange auf dem Boden! Wir hatten es geschafft! Später würde ich mir auf Cathys Videofilm genüsslich ansehen, wie sich die Stange aus der Halterung gelöst hatte und dann wieder fein säuberlich zurückgefallen war. So ein Glück hat man nur einmal im Leben, und ich war der Göttin aller Springreiter unsagbar dankbar dafür, dass sie es mir genau an diesem Tag geschenkt hatte.

Draußen kamen alle auf uns zugelaufen, und nachdem ich von Winny abgesessen war, umarmte Fiona mich stürmisch.

„Ich wusste, dass du das schaffst. Ihr wart fantastisch", rief sie aus und wischte ein paar Tränen weg.

„Ja, das war einfach unglaublich", sagte Fanny tief beeindruckt. „Ich weiß ja, dass du gut bist, aber das hier war einfach ... ja unglaublich!"

Ich umarmte Winny, die mich übermütig mit dem Maul anstieß. Sie war genauso schweißnass wie ich und rieb mit der Trense an meinem Arm um sie loszuwerden – genau wie Fandango das immer tat.

„Ja, das war wirklich ein Superritt. Gut gemacht, mein Mädchen!"

Plötzlich hörte ich eine Stimme hinter mir, die meinen Herzschlag für eine Sekunde aussetzen ließ. Als ich mich umdrehte, konnte ich es fast nicht glauben, in ein paar lachende, blaue Augen zu schauen.

„Mike! Nein ...", rief ich aus und umarmte ihn. Er küsste mich, und ich war so glücklich und überrascht, dass ich nicht wusste, ob ich lachen oder weinen sollte. Es war das absolut Schönste, was ich mir vorstellen konnte, und ich brauchte eine ganze Weile, um zu begreifen, dass er tatsächlich hier war. Bei mir, leibhaftig!

„Aber was machst du denn hier?", fragte ich ihn, als ich wieder etwas klarer denken konnte. „Was machst du in England? Warum bist du nicht zu Hause und baust den Stall?"

„Weil der Stall so gut wie fertig ist. Wir können nichts mehr machen, jetzt muss der Elektriker ran", erwiderte Mike und umarmte mich wieder.

„Deshalb habe ich beschlossen, hierher zu fahren um die Familie zu besuchen, bei der ich gearbeitet habe. Die wohnen gar nicht so weit entfernt von hier. Und nachdem du in deiner E-Mail geschrieben hast, dass Fanny heute hier an einem Turnier teilnimmt, habe ich mir ein Auto geliehen und bin hierhergefahren. Ich habe deine beiden Ritte mitverfolgt, aber ich wollte mich nicht vor dem Stechen zeigen, weil du dich dann vielleicht nicht mehr so gut hättest konzentrieren können."

„Oho", sagte ich und sah ihn strahlend an, „vielleicht wären wir dann noch viel besser gesprungen."

„Das hättet ihr nicht gebraucht“, meine Cathy freudestrahlend. „Ihr habt gewonnen! Deine Zeit war um drei Sekunden besser als die von Megan.“

Ich klopfte Winny den Hals und machte mich bereit aufzusitzen. Wir hatten gewonnen! Ich hätte heulen können vor Glück und immer und immer wieder strich ich Winny über den Hals.

Ich konnte es nicht fassen. Fiona durfte ihr Pferd behalten und niemand war darüber glücklicher als ich. Sie bekam doch jetzt das Preisgeld, dachte ich und wollte im Schritt mit Winny zum Parcours gehen, wo die Siegerehrung stattfinden sollte. Ich war rundum zufrieden mit den zwei fantastischen Ritten auf Winnys Rücken. Sie war das wunderbarste Pferd, das ich je geritten hatte.

Aber dann veränderte sich von einer Sekunde zur anderen alles schlagartig.

Megans Vater kam mit einem älteren, grauhaarigen Mann, mit Mütze und Tweedjackett bekleidet, anmarschiert. Dieser Herr trug ein Band um den Arm und war der oberste Preisrichter des Turniers. Er sah mich streng mit seinen wässrigen, grauen Augen an. Megans Vater schäumte förmlich vor Wut. Er war rot im Gesicht und fuchtelte wild mit einem dicken Heft, in dem sämtliche Turniervorschriften standen, herum.

„Ich werde Protest einlegen“, schrie er. „Das hier war nicht rechtens.“

„Wie bitte?“, fragte Cathy erstaunt. „Sara hat völlig rechtmäßig gewonnen.“

„Ja“, stimmte Fionas Vater ihr zu. „Daran gibt es keinen Zweifel.“

„Doch. Sie hat keine Lizenz“, widersprach Megans Vater und warf mir einen vernichtenden Blick aus seinen kleinen Schweinsäuglein zu. „Sie hat keine Lizenz um in England an Turnieren teilzunehmen.“

„Muss man die denn haben?“, fragte Cathy ganz ruhig. „Das wussten wir nicht.“

„Sicher! Wenn man gegen diese Regel verstößt, wird man disqualifiziert“, meinte der Preisrichter arrogant und begann wie ein Wilder in seinem Heft zu blättern.

Er blätterte und blätterte, und immer mehr neugierige Menschen versammelten sich um uns herum. Winny begann nervös zu werden und unruhig umherzutänzeln. Sie schlug aus und hätte um ein Haar eine Frau mit einem kleinen Hund getroffen, die gerade an ihr vorbeiging. Die Frau blickte verärgert drein, obwohl es ihre eigene Schuld gewesen war. Aus lauter Neugier war sie einfach zu nahe herangekommen.

Fiona stellte sich neben Winnys Kopf und streichelte ihr den Hals, und ich sprach beruhigend auf die Stute ein. Ich spürte, wie ich immer nervöser wurde. Mein Mund war strohtrocken und mein Herz schlug wie verrückt. Wir hatten doch das Turnier gewonnen! Sollten wir nun alles wieder verlieren? Verlieren, wo doch jetzt vielleicht alles in Ordnung kam? Nein, das durfte einfach nicht sein!

Der Typ mit der Mütze und Megans Vater schauten sich das Turnierreglement an und diskutierten. Dann kamen Grace, die Reitlehrerin, und ein anderer Funktionär zu uns und äußerten ihre Meinung, und zu guter Letzt mischte sich auch noch Fionas Vater ein. Einige der Zuschauer meldeten sich ebenfalls zu Wort und die Stimmung wurde immer aufgeheizter und unangenehmer. Megans Vater gestikulierte aufgeregt, und der Preisrichter schien nicht zu wissen, was er tun sollte.

Langsam begann ich es zu bereuen, das ich mich auf das Spiel eingelassen hatte. Aber ich hatte doch Fiona nur helfen wollen. Und Winny war ein so wunderbares Pferd. Ich seufzte. Schade, dass alles so unerfreulich endete.

Plötzlich gingen einige Leute zur Seite und machten drei Personen und einem mir wohl bekannten braunweißen Terrier Platz. Es waren der alte Mann und sein Hund, die sauertöpfische Alte von unserem Ausritt und ihr Mann.

In dem scharfen Sonnenlicht wirkte der alte Mann noch kleiner und gebeugter als neulich Abend, aber der Blick seiner blauen Augen war glasklar. Megans Vater sah den Alten siegesgewiss an. Er hielt das Heft mit dem Turnierreglement hoch und fuchtelte in der Luft damit herum. Mehrere Zuschauer nickten und brummten zustimmend.

Der alte Mann hob die Hand und bat um Ruhe. Dann fing er an zu sprechen. Seine Stimme war nicht allzu laut, aber irgendwie klang sie doch kraftvoll.

„Als mein Vater vor langer Zeit diesen Preis hier gestiftet hat", begann er langsam in seinem etwas abgehoben klingenden, alten Englisch, „hat er festgelegt, dass der Preis an das mutigste und tüchtigste Pferd dieses Turniers gehen soll."

Der alte Mann schwieg und holte tief Luft. Dann fuhr er fort: „In der Zeit, als mein Vater lebte, gab es nicht diese vielen, verrückten Regeln. Man trat gegeneinander an und noch ehe man begann, waren sich alle in einem Punkt einig: Der Beste gewinnt."

Es wurde still ringsumher, und ich sah Mike an. Er lächelte mich an und zwinkerte mir zu. Winny stand ganz ruhig da und ich dachte mir im Stillen, dass sie irgendwie den Ernst der Lage zu verstehen schien.

„Heute haben wir ein sehr mutiges und tüchtiges Pferd in einem schweren Parcours gesehen. Und ich weiß, dass seine Reiterin ein ebenso mutiges wie tüchtiges Mädchen ist."

Er schwieg wieder und lächelte still in sich hinein. Megans Vater sah dagegen aus, als ob ihm jemand einen Eimer mit kaltem Wasser über den Kopf gegossen hätte.

„In diesem Buch kann stehen, was will", sagte der Alte in entschiedenem Ton und zeigte auf die Turnierreglements, die Megans Vater in der Hand hielt. „Dieses Mädchen hat das Turnier heute gewonnen. Das ist die Entscheidung, die mein Vater getroffen hätte."

Der alte Mann sah mich mit einem verschmitzten Lächeln an und ich lächelte zurück. Im nächsten Moment liefen mir die Tränen die Wangen hinunter. Ich hatte sie so lange zurückzuhalten versucht. Das war einfach alles viel zu viel!

„Oh, Winny!“, sagte ich und beugte mich vor um ihr über den Hals zu streichen. „Das ist ganz allein dein Verdienst!“

In diesem Moment entdeckte der Terrier einen anderen Hund in der Nähe. Er begann wild zu bellen und zog wie verrückt an der Leine. Da hob der Alte seinen kleinen, kläffenden Hund hoch.

„So, und jetzt lasst uns zur Siegerehrung schreiten“, forderte er alle in barschem Ton auf und richtete sich gerade auf. In diesem Moment erschien er mir um dreißig Jahre jünger.

„Marsch, los jetzt!“, fügte er hinzu und dann klatschten alle Beifall. Niemand beachtete mehr Megans beleidigten Vater, der mit seinem Heft und dem Preisrichter beschämt abzog.

Ein paar Minuten später ritten Megan, ich und die anderen Preisträger zu den Tönen eines feierlichen Militärmarsches zur Siegerehrung. Winny bekam eine große Schleife, und mir überreichte die sauertöpfische Alte einen riesigen Pokal. Dabei lächelte sie mich tatsächlich an und wünschte mir viel Glück für die Zukunft.

Als ich den Pokal entgegennahm, dachte ich mir im Stillen, dass das der schönste Preis war, den ich je gewonnen hatte und dass ich noch nie in meinem Leben so glücklich wie in diesem Moment gewesen war. Ich spürte, wie mir vor Freude gleich die Tränen kommen würden, aber das wäre jetzt doch zu peinlich gewesen! Zum Glück war es genau in diesem Moment Zeit, unsere Ehrenrunde anzutreten. Fiona hielt meinen Pokal, ich nahm die Zügel auf, und dann drehten wir in vollem Galopp eine Runde um die Bahn. Die Schleife flatterte lustig an der Trense.

Einen kleinen, bitteren Wermutstropfen gab es allerdings. Gerade als ich mit Winny die zweite Ehrenrunde zum Jubel und Beifall des Publikums drehte, sah ich jemanden, den ich am allerwenigsten sehen wollte: Megans Vater stand beim Caféteria-Zelt und diskutierte mit der Frau aus dem Flugzeug. Beunruhigt fragte ich mich, was die beiden da wohl für Pläne ausheckten.

Kapitel 15

Eine gute Stunde später ritten wir zu Hause im Schritt auf den Stallhof. Es war schön warm, die Sonne strahlte immer noch von einem wolkenlosen Himmel herab, und als ich vor dem Stall von Winny absaß, spürte ich, dass meine Beine sich wie Gelee anfühlten.

Was für ein Tag war das gewesen! Und wir hatten gewonnen! Ich strich Winny mit der Hand über den Hals, und sie rieb liebevoll ihren hübschen Kopf an meinem Arm. Ich konnte das alles noch gar nicht richtig fassen.

Wir nahmen den Pferden die Sättel ab, wuschen Shamira und Winny mit lauwarmem Wasser ab und brachten sie dann auf die Weide hinaus. Beide wälzten sich wohlig und ausgiebig auf dem Boden und begannen dann mit Jack zu grasen, der voller Freude im Galopp zum Tor gekommen war um sie zu begrüßen.

„Wo sind denn die anderen?“, fragte ich Fanny, als wir alle Sachen in der Sattelkammer verstauten.

„Mama und Papa sind zu Hause. Sie kommen später vorbei. Fiona und ihr Vater wollten noch zum Einkaufen fahren, und wo Mike ist, weiß ich nicht. Glaubst du, dass er den Weg hierher findet?“

„Ganz bestimmt“, sagte ich und erinnerte mich plötzlich daran, dass Mike Fiona und ihrem Vater angeboten hatte, sie zum Laden zu bringen, da er ein Auto hatte.

„Komm, wir warten so lange im Haus!“, schlug Fanny vor und dann gingen wir zusammen zu dem kleinen Haus. Der Schlüssel lag nicht unter dem lockeren Stein an der Außentreppe, wie Fionas Vater gesagt hatte, aber da die Haustür offen stand, betraten wir das kühle, stille Haus.

„Oh, nein!“, rief Fanny plötzlich, als wir im Flur standen. „Ich habe meine Tasche mit dem Handy im Stall vergessen. Ich hol sie schnell.“

Sie lief hinaus und ich ging langsam auf das Wohnzimmer zu. Ich blieb vor der Vitrine stehen, in der alle Pokale standen, die Fionas Mutter gewonnen hatte. Auf einem etwas vergilbten Farbfoto in einem Goldrahmen saß sie auf einer wunderschönen Braunen-Stute. Mir war klar, dass das Winnys Mutter sein musste. Sie hatte die gleiche Ausstrahlung, den gleichen Stern auf der Stirn und genau den gleichen Blick in den Augen.

In diesem Moment sah ich, wie sich eine schattenhafte Bewegung in der Fensterscheibe der Vitrine spiegelte und mir lief ein eiskalter Schauer über den Rücken. Ich war nicht allein im Haus. In dem kleinen Raum neben dem Wohnzimmer schien jemand zu sein.

Mein Herz hämmerte wie verrückt und mein erster Gedanke war, so schnell wie möglich aus dem Haus zu fliehen. Aber gleichzeitig war ich neugierig und konnte es nicht lassen, mich zur Tür zu schleichen, die in eine Art Arbeitszimmer führte.

Ich sah ein Bücherregal, einen Schreibtisch voll mit Papieren, und dahinter stand die Frau aus dem Flugzeug.

Sie blätterte völlig vertieft in einigen Unterlagen und ich spürte, wie ich vor Angst am ganzen Körper zu zittern begann. Sie steckte auf alle Fälle mit Megans Vater unter einer Decke und jetzt hatte sie sich ins Haus geschlichen um etwas zu stehlen. Vielleicht wichtige Dokumente? Vielleicht die Papiere von Winny? Oder etwas anderes, das noch mehr das Leben von

Fionas Vater zerstören würde. Jetzt, da doch endlich alles wieder in Ordnung gekommen zu sein schien.

Ich gleichen Moment sah die Frau aus dem Flugzeug hoch und bemerkte mich. Sie sah mich an und lächelte mich seltsam angespannt an. Dann legte sie die Papiere aus der Hand und kam auf mich zu.

Mir war klar, was jetzt passieren würde. Sie wusste, dass ich sie entlarvt hatte und nun blieb ihr nichts anderes übrig als den einzigen Zeugen, sprich mich, aus dem Weg zu räumen, bevor jemand anderer davon erfuhr.

Im Bruchteil einer Sekunde schoss es mir durch den Kopf, dass ich mich jetzt verteidigen musste. Ich ergriff den Feuerhaken, der neben dem Kamin stand und ging auf sie zu. Die Frau war inzwischen ins Wohnzimmer getreten, und ich schrie sie wütend und gleichzeitig angsterfüllt an, dass sie gefälligst ins Arbeitszimmer zurückgehen sollte.

„Zurück! Glauben Sie ja nicht, dass sie mir entkommen“, schrie ich sie an. „Ich weiß alles.“

„Schluss jetzt!“, fuhr mich die Frau an und hob abwehrend die Hände. „Beruhige dich! Sag mal, bist du total verrückt?“

„Nein, ich bin nicht verrückt“, erwiderte ich und spürte, dass mir meine Zunge vor Angst kaum gehorchte. „Ich weiß sehr wohl, dass Sie hier etwas Ungesetzliches machen. Aber damit ist jetzt Schluss. Ich habe die Polizei gerufen.“

Das hatte ich zwar nicht, aber ich dachte mir, dass es eine ganz wirksame Drohung sein könnte.

„Aber nun hör mir doch zu, ich kann das erklären!“, sagte die Frau freundlich und ging ein paar Schritte zurück. „Es ist nicht so, wie du glaubst.“

„Ich glaube, was ich will“, zischte ich sie an und fuchtelte bedrohlich mit dem Feuerhaken. „Da hinein! Los, zurück! Ich weiß ganz genau, dass Sie mit Megans Vater unter einer Decke stecken, und dass ihr Winny haben wollt. Mir machen Sie nichts vor.“

In diesem Moment wurde die Haustür geöffnet und vom

Flur her drangen fröhliche Stimmen herein. Es waren Fanny, Fiona, ihr Vater und Mike, und ich war schrecklich erleichert darüber.

„Hilfe!“, rief ich. „Ihr müsst mir helfen! Los, beeilt euch!“

Fionas Vater kam mit den anderen hinter sich angelaufen, aber als er mich so stehen sah, wie ich wild mit dem Feuerhaken herumfuchtelte und die Frau aus dem Flugzeug damit bedrohte, die immer noch wie in einem schlechten Krimi mit hoch erhobenen Händen dastand, hielt er sofort inne.

„Sag mal, was hast du denn vor?“, fragte er mich und zeigte auf die Frau.

„Die da! Das ist eine Diebin. Sie hat hier eingebrochen. Und ich glaube, sie führt irgendwas mit Winny im Schilde. Sie kennt Megans Vater und sie haben sich ein paar Mal in dieser Woche getroffen und sie haben miteinander geredet.“

Fionas Vater sah mich an, dann die Frau, die nun die Hände heruntergenommen hatte und dann wieder mich. Dann begann er zu lachen, und lachte und lachte, bis ihm die Tränen die Wangen hinunterliefen. Zum Schluss ließ er sich auf das geblümte Sofa plumpsen und holte tief Luft.

„Liebe Sara, es ist nett von dir, dass du da eingreifst. Aber, glaub mir, hier lauert keine Gefahr!“

Ich ließ den Feuerhaken sinken und starrte ihn an. Was sollte das heißen? Ich begriff die Welt nicht mehr.

„Du kannst ihn wieder an seinen Platz zurückstellen“, forderte mich die Frau freundlich auf und zeigte mit dem Finger auf den Feuerhaken. „Und dann kann ich dir vielleicht erklären, was ich hier gemacht habe.“

„Okay“, sagte ich kleinlaut und schämte mich schrecklich. Vorsichtig stellte ich den Feuerhaken wieder neben den offenen Kamin.

„Aber das muss eine überzeugende Erklärung sein“, fügte ich hinzu und spürte, dass ich rot wie eine Tomate anlief. Ich zog die Augenbrauen hoch. „Sonst habe ich mich umsonst blamiert.“

„Keine Angst, die Erklärung ist einleuchtend“, meinte Fionas Vater und lachte leise. „Aber ich schlage vor, dass wir uns jetzt erst einmal eine Kleinigkeit zu essen machen. Ehrlich gesagt, ich sterbe vor Hunger.“

Es wurde ein langer Abend. Wir unterhielten uns und es gab viel zu lachen. Aber am schönsten war natürlich, dass Mike neben mir saß und meine Hand hielt. Ich konnte nicht begreifen, dass ich ihn so falsch eingeschätzt hatte. Jetzt, da wir zusammen waren, war es so selbstverständlich, was wir beide füreinander empfanden, und ich schämte mich, dass ich ihm misstraut hatte, statt zu versuchen zu erfahren, wie die Dinge wirklich lagen.

Dann bekamen wir endlich die Erklärung dafür, was die Frau aus dem Flugzeug die ganze Woche hier getrieben hatte. Natürlich steckte da überhaupt nichts Zwielichtiges dahinter, trotz meiner und Fannys Verdächtigungen.

„Als meine Frau starb, hinterließ sie alle Unterlagen, die den Hof und die sonstigen Dinge betrafen, in einer fürchterlichen Unordnung“, berichtete Fionas Vater. „Ich dachte, wir hätten genügend Geld, aber als ich John Smith, Megans Vater, bat, mal alles durchzugehen, erklärte er mir, dass wir im Prinzip bankrott seien. Da er und Maggie seit vielen Jahren Geschäftsfreunde gewesen waren, hatte ich keine Veranlassung, ihm zu misstrauen. Ich verkaufte den Hof sowie alle Pferde, außer Jack und Winny, und wir zogen hierher. Vor etwa einem Jahr meldete sich Christina bei mir. Sie und meine Frau kannten sich von ihrer Studentenzeit her und waren sehr gut befreundet gewesen. Sie hatten zusammen Betriebswirtschaft in Schweden studiert. Als Christina hörte, was passiert war, war sie sehr traurig und erstaunt. Sie konnte nicht verstehen, dass wir Konkurs hatten anmelden müssen, da ihrer Meinung nach das Unternehmen, das Maggie mit John Smith zusammen geführt hatte, doch immer sehr erfolgreich gewesen war.“

Fionas Vater trank einen Schluck Tee und fuhr dann fort:

„John Smith meldete sich noch ab und zu bei mir und jedes Mal lag er mir in den Ohren, dass er Winny kaufen wolle. Und er sagte jedes Mal, wenn er sie bekäme, würde er mir persönlich helfen, dass wir finanziell wieder auf die Beine kommen würden. Die Sache war nur die: Er wusste die ganze Zeit über, dass wir nicht bettelarm waren. Und ihr könnt euch vorstellen, wie ungehalten er war, als ich ihm sagte, dass ich vorhabe, eine außenstehende Person zu bitten, alle Unterlagen, die Maggie mir hinterlassen hatte, durchzusehen."

„Ja, es war auch nicht schwer zu erraten, warum er so wütend geworden war", fügte Christina hinzu und lachte. „Ich bekam einen Teil der Unterlagen nach Schweden geschickt und entdeckte sofort, dass John Smith eine Menge Geld unterschlagen hatte. Es gab Geld auf verschiedenen Konten, das schon längst an Fiona und ihren Vater hätte ausbezahlt werden müssen, statt auf einem Firmenkonto bei der Bank zu verbleiben."

„Das ist ja wunderbar", rief ich aus, und Fionas Vater nickte und strahlte Christina an.

„Ja, Sara, und dann bin ich mit dem gleichen Flugzeug nach England geflogen wie du, fest entschlossen, diese ganze leidige Angelegenheit vor Ort zu klären. Wir hatten jedoch beschlossen, Fiona noch nichts davon zu sagen, weil ich nicht wollte, dass sie sich falsche Hoffnungen machte. Wenn John Smith beweisen konnte, dass er richtig gehandelt hatte, wäre sie vielleicht trotzdem gezwungen gewesen, Winny zu verkaufen."

Ich sah sie an. „Haben Sie deshalb Megans Vater ab und zu in dieser Woche getroffen?"

Christina nickte. „Ja, genau. Zuerst wollte er mich in die Buchführung der letzten Jahre nicht Einsicht nehmen lassen, aber als ich ihm dann damit drohte, die Polizei und das Finanzamt über meinen Verdacht zu informieren, machte er plötzlich keine Schwierigkeiten mehr. Und nun ist das meiste aufgeklärt."

„Ende gut, alles gut", sagte Cathy. Sie neigte den Kopf zur Seite und lächelte.

„Ja, und das Beste an der ganzen Geschichte ist, dass ich einen Job bei unserer Hauptgeschäftsstelle in London bekommen habe", gestand Christina etwas verschämt und drückte die Hand von Fionas Vater. „Ich werde also wahrscheinlich hier in England bleiben. Adam und ich freuen uns sehr darüber ..."

„Nein!", riefen wir alle überrascht aus, und die beiden strahlten einander an. Es war dieses rosarote Lächeln, das man nur dann hat, wenn man so richtig verliebt ist.

„Ja, in dieser kurzen Zeit ist uns klar geworden, dass wir sehr viel mehr als nur Freunde sind", murmelte Fionas Vater etwas verlegen und sah Christina an.

„Mhm, und das ist mehr wert als alles Geld dieser Welt", gestand sie glücklich.

Als ich spürte, wie Mike meine Hand liebevoll streichelte, wusste ich, dass sie absolut Recht hatte.

Eine Weile später gingen Fanny, Fiona, Mike und ich zu den Pferden hinaus. Wir hatten Äpfel und Zuckerstückchen dabei – und natürlich Kekse für Jack.

Wir standen lange in der Dämmerung dieses Augusttages und redeten über Pferde und alles, was passiert war. Fiona erzählte uns, dass sie sehr erstaunt darüber gewesen war, wie sich ihr Vater in der letzten Zeit verändert hatte. Er wirkte glücklicher und ... ja irgendwie anders. Es war, als ob er sich nicht mehr so tief in seine Trauer vergraben hätte. Zuerst sei sie erleichtert gewesen, dass es ihm besser zu gehen schien, aber als sich dann herausgestellt hatte, dass das Ganze mit Christina zusammenhing, sei sie anfangs verzweifelt gewesen. Eine neue Frau? Das war ja so, als ob er ihre Mutter verraten würde.

„Aber als ich dann Christina näher kennen gelernt habe, begriff ich, dass das nicht der Fall war", gestand Fiona und strich Jack mit der Hand über den Hals. „Mama hat Christina sehr gemocht, und ich spürte gleich, dass ich das auch tun würde. Ich konnte ihr einfach nicht böse sein, auch wenn ich das anfangs versucht habe."

Fiona lächelte und strich sich die Haare aus dem Gesicht. „Ich muss nur noch ein Jahr zur Schule", fuhr sie fort. „Dann gehe ich ins Ausland und suche mir einen Job. Vielleicht studiere ich auch ... ja, ich habe eine Menge Pläne. Und es ist schön zu wissen, dass Papa hier nicht allein ist, wenn ich weg bin."

„Ja, und jetzt musst du auch Winny nicht verkaufen", sagte ich zu Fiona, während ich der Stute die letzten Zuckerstücke gab. „Nun brauchst du dir darüber keine Sorgen mehr machen. Das ist doch herrlich, oder?"

Fiona antwortete nicht. Sie strich Winny mit gedankenvoller Miene über den Hals.

„Ja, aber ich werde sie nicht behalten", meinte sie nach einer Weile. „Ich habe mich entschieden. Sie ist wirklich ein wunderbares Springpferd. Und sie verdient es, bei jemandem zu sein, der genauso gerne an Wettkämpfen teilnimmt wie sie."

„Aber", wandte ich ein, „du magst sie doch so gerne. Willst du sie wirklich an Megan verkaufen?"

„Nein, ich will sie an jemanden verkaufen, von dem ich weiß, dass er sie haben möchte", erwiderte Fiona langsam und warf mir einen verstohlenen Blick zu. „Du würdest sie doch gerne haben, oder?", fragte sie.

„Ich?", rief ich. „Aber ... Ja, natürlich, würde ich sie gerne haben. Sie ist einfach fantastisch! Aber – ich meine, ich kann doch nicht ..."

„Ich weiß, dass du sie magst", unterbrach mich Fiona und lachte. „Und sie hat es gut bei dir, da bin ich mir ganz sicher. Besser als bei jedem anderen. Du und Winny, ihr gehört zusammen."

Ich sah Winny an und sie schaute mich mit ihren großen, dunklen Augen an. Sie war einfach perfekt. Sie war wunderbar. Sie war das Pferd, nach dem ich schon so lange suchte und das ich bis jetzt noch nicht gefunden hatte. Sie war mein Traumpferd.

„Aber ich muss zuerst mit meinen Eltern reden", murmelte ich. „Bevor ich das nicht getan habe, kann ich nicht ... Und außerdem ... wie viel willst du für sie haben?"

Fiona lächelte und strich Winny über den Hals.

„Das Geld, das du heute gewonnen hast, reicht absolut dafür", sagte sie.

„Aber sie ist doch mindestens das Fünffache wert", stieß ich überrascht hervor. Fiona lachte nur und schüttelte den Kopf.

„Das ist schon okay so. Ich will, dass du sie bekommst. Und jetzt mach dir keine Gedanken mehr!"

„Ich muss sofort meine Eltern anrufen", brachte ich mit zittriger Stimme hervor und holte erst einmal tief Atem.

„Du kannst sie gleich anrufen", meinte Mike und reichte mir sein Handy. „Hier!"

Ich starrte es an, als ob ich noch nie in meinem Leben ein Handy gesehen hätte. Dann gab ich langsam die Telefonnummer ein und wartete.

Es läutete lange. Endlich ging mein Vater ran. „Hallo, meine Kleine! Wie geht's dir? Ich sitze gerade in der Hollywoodschaukel und trinke Kaffee." Papas Stimme klang ganz nahe, obwohl er so weit weg war, und plötzlich sehnte ich mich schrecklich nach Hause.

„Mir geht's prima. Hier ist so viel passiert, und ich hab euch irre viel zu erzählen", sagte ich. „Aber nicht jetzt", fügte ich schnell hinzu. „Das mache ich in aller Ruhe, wenn ich zu Hause bin."

„Ja, klar", meinte Papa. „Ich hole dich morgen Abend vom Flughafen ab. Dein Flugzeug landet um Viertel vor sechs, oder? Weißt du eigentlich, dass wir Probleme mit dem Telefonieren hatten? Es gab ein Gewitter, und danach waren alle Telefonleitungen unterbrochen. Ich hab so was noch nie erlebt."

„Bin ich froh, dass ich da nicht zu Hause war“, sagte ich und ein Schauer lief mir über den Rücken. „Aber Papa, ich muss dir was sagen.“

„Ja, was denn?“, fragte mein Vater nichts Böses ahnend. „Ist was passiert?“

„Ja, das kann man wohl sagen“, gestand ich ein wenig nervös. „Ich habe gerade ein Pferd gekauft.“

Kapitel 16

Nun bleibt eigentlich nur noch eine Sache zu klären und zwar, wohin Mike und Susi an jenem Tag gefahren sind, als er es so eilig hatte. Nun ja, sie sind zu einem Reisebüro in der Stadt gefahren um sein Flugticket abzuholen. Mikes Auto war (wie immer!) wieder einmal nicht angesprungen, und so hatte Susi sich bereit erklärt, ihn freundlicherweise in die Stadt zu bringen. Aber sie hatte es schrecklich eilig, weil ihr Freund am Bahnhof auf sie wartete. Er war mit dem Flugzeug nach Göteborg geflogen und dann mit dem Zug in unsere kleine Stadt gekommen.

Und ihr Freund ist nach Mikes Worten ein unglaublich netter, rothaariger Ire namens Liam. Er besitzt einen Rennstall auf der grünen Insel Irland und außerdem züchtet er Connemara Ponys. Vielleicht werden Mike und ich ihn demnächst dort besuchen. Klingt das nicht super?!